Das Buch

Nicht nur Neukölln ist Uli Hannemann ein steter Quell der Inspiration – auch sein beruflicher Alltag birgt jede Menge schräger Abenteuer. Über fünfzehn Jahre war der »Berliner Lesebühnenstar« *(die tageszeitung)* als Taxifahrer in den Straßen der Hauptstadt unterwegs. Was er dabei so alles erlebt hat, schildert Hannemann in seinem neuesten Textband auf humorvolle Weise. Er beschreibt die unterschiedlichen Milieus, Menschen und deren Abgründe, nimmt aber auch sein Gewerbe und sich selbst aufs Korn, überspitzt, wendet und bricht Klischees. Kurz: Zahlreiche neue absurd-komische Episoden mit überraschenden Wendungen – Momentaufnahmen vom täglichen Wahnsinn.

Der Autor

Uli Hannemann, geboren 1965 in Braunschweig, lebt als Autor in Berlin-Neukölln. Er ist Mitglied der Berliner Lesebühne »LSD – Liebe statt Drogen« sowie der »Reformbühne Heim & Welt«. 2008 erschien bei Ullstein seine Textsammlung *Neulich in Neukölln – Notizen von der Talsohle des Lebens*.

Uli Hannemann

Neulich im Taxi

Notizen vom zweitältesten
Gewerbe der Welt

Ullstein

Besuchen Sie uns im Internet:
www.ullstein-taschenbuch.de

Originalausgabe im Ullstein Taschenbuch
1. Auflage Mai 2009
© Ullstein Buchverlage GmbH, Berlin 2009
Umschlaggestaltung und Gestaltung
des Vor- und Nachsatzes: Sabine Wimmer, Berlin
Umschlagmotiv: Isabel Klett
Gesetzt aus der Excelsior bei
LVD GmbH, Berlin
Druck und Bindearbeiten: CPI – Ebner & Spiegel, Ulm
Printed in Germany
ISBN 978-3-548-28016-5

Inhalt

Vorwort

Inzwischen kribbelt es sogar wieder, wenn ich nachts am Straßenrand irgendwelche Leute ein freies Taxi heranwinken sehe. Das Taxi hält, die Fahrgäste steigen ein, das Leuchten des Dachschildes erlischt. Ich kann den kleinen Triumph des Fahrers noch immer nachempfinden. Als mittlerweile Außenstehender regt sich in mir fast so etwas wie Neid über den Fang, dessen Zeuge ich soeben geworden bin. Doch das ist nun mal die Kehrseite einer klaren Entscheidung: Ich bin seit zwei Jahren raus aus dem Geschäft. Höchste Zeit für einen Rückblick: Wie fing das Ganze damals an?

Berlin-Neukölln, im Jahre 1990: Der Schutzwall des kleinen Mannes war gefallen. Skrupellose Goldgräber versuchten aus Berlin die teuerste Stadt des Universums zu machen. Die Preise für Bananen, Gebrauchtwagen und Mietwohnungen explodierten, und mitten in diesem Spekulationsinferno stand ich, jung, arm, und erhielt immer öfter immer hässlichere Briefe von meinem Vermieter. Es musste etwas geschehen. Ich brauchte jemanden, der über Geld verfügte und die Miete meiner Wohnung zahlte. Dass dieser Jemand nach meinem frühzeitigen Beschluss »Probieren geht über Studieren« weder Vater noch Staat sein konnte, war klar. Ich musste wohl oder übel selber ran.

Ich unternahm erste grausame Selbstversuche mit körperlicher Arbeit: In der Sommerhitze stapelte ich Wackersteine auf Wackersteinhaufen, im Herbst rührte ich Grütze in der Grützefabrik, und im Winter bekleidete ich die Komparsenrolle eines halbnackten Galeerensträflings in einem billigen Wikingerfilm, der auf dem Wannsee gedreht wurde. Rasch kristallisierte sich ein grundsätzlicher Nachteil körperlicher Arbeit heraus: Sie war scheiße.

So kam ich auf die Idee mit den Fahrerjobs. Der Gedanke dahinter war simpel: Ich fahre gerne Auto und sitze bequem im Warmen, während sich das Geld quasi von alleine verdient. Ich fuhr Pakete für die Post aus und Illustrierte für den Lesezirkel »Kluge Omi«. Doch leider erinnerten auch diese Jobs fatal an körperliche Arbeit. Ständig musste ich aussteigen und schweres Zeugs die Treppen hochschleppen. Überdies beleidigten hausbackene Arbeitszeiten von 7 Uhr 30 bis 16 Uhr meinen libertären Geist. Den Rest gab mir ein entscheidender Widerspruch: Ich liebte das Autofahren, aber ich hasste Verkehr. Im Stau zu stehen oder allein schon an einer roten Ampel zu halten verursachte mir Schmerzen, und zwar den heftigen Phantomschmerz amputierter Mobilität.

Schließlich fand ich eine Methode, mir den Pelz zu waschen, ohne mich dabei nasszumachen: Als Taxifahrer könnte ich arbeiten, wann ich wollte, wie ich wollte und wo ich wollte. *Nie wieder morgens aufstehen* – hier würde der Wunsch des schulüberdrüssigen kleinen Jungen endlich wahr! Und wenn ich nachts unterwegs war, hätte ich außerdem immer freie Fahrt.

Bei »Sisyphos-Taxi«, einer kleinen Kreuzberger Klitsche, wurde ich für die Ortskundeprüfung fit gemacht. Bedingung für die kostenlose Schulung war der unausgesprochen im Raum stehende Wunsch, ich möge nach bestandener Prüfung doch bitte schön auch für

Sisyphos fahren. Schriftliche Verträge existierten nicht, die Anrede war das klassische Kreuzberger Du ...

Du, dudu, dudu – so summte sich damals die Melodie meiner kleinen Welt. Ohne größere Mühen kam ich in den Besitz meines Personenbeförderungsscheins. Alles war einfach, alles war schön: Ich stand niemals morgens auf und hatte immer freie Fahrt. Die Stadt war aufregend, vor allem die Terra incognita, der unbekannte weite Osten, den ich kurz nach der Wende noch nicht mitlernen musste. Ich war meines Glückes eigener Schmied. Taxifahren war keine Arbeit, sondern eine moderne, durchaus angenehme Form der Wegelagerei – und ich, ich war ein Stadtpirat.

Mann, war ich toll! Im Sommer fuhr ich mit offenem Dach durch die laue Nacht, bis es hell wurde. Musik wummerte aus den Boxen. Die Mädchen in den Straßen waren noch schöner als heute – jedenfalls kam es mir so vor, wenn ich mit hohem Tempo an ihnen vorbeirauschte: sechzig, siebzig, achtzig Sachen. Meine Badezimmerwände waren buchstäblich tapeziert mit den sündhaft teuren Dokumenten meiner Verkehrsverstöße. Ich konnte es mir leisten, die Geschäfte liefen prima. Zum frühmorgendlichen Feierabend stand ich mit den Kollegen vor der angestammten »Rattenbar« und lachte die Passanten aus, die sich auf ihrem Weg zur Arbeit mit verkniffenen Lippen an uns zugedröhnten Tagedieben vorbeidrückten. Manchmal zogen wir noch zu Fuß ins »Scheißhaus« weiter, einem orkusähnlichen Absturzladen, oder nahmen unsere Taxen, um ins »Ex und Pop« zu fahren, wo man vor dem unangenehm grellen Tageslicht geschützt blieb. Das Leben war ein Abenteuerspielplatz voller Autos,

Bargeld und Sonnenaufgänge ... Doch irgendwann begann die Stimmung zu kippen. Ich ahnte, dass es kein allein seligmachender Lebensinhalt sein konnte, morgens nicht aufstehen zu müssen. Ich versuchte, das Unglück aufzuhalten, indem ich zeitweise auch abends nicht mehr aufstand, doch der destruktive Zauber war verflogen. Die Feierabendorgien verloren ihren Glanz und hinterließen am nächsten Tag ein Echo aus der Hölle.

Bei der Arbeit kam ich mir inzwischen vor wie eine zerdrückte Kippe in einem fahrenden Aschenbecher. Nichts strukturiert sinnlose Zeit scheinbar so sinnvoll wie das Rauchen. Ich strukturierte also die Zerstörung meines Geistes mit Hilfe der Zerstörung meines Körpers. Obendrein glich die Geschäftslage um die Jahrtausendwende einem Waterloo für Fortgeschrittene. Endlose Stunden vergeudete ich an Taxihalteplätzen und fühlte mich nutzlos. Ich fing an, alles und alle zu verachten: die Fahrgäste, mich und vor allem die Radiosender, mit denen mich das Spaßsystem seit Jahren Nacht für Nacht strafte. Misanthropie ist die edelste unter den Attitüden, doch als reale Haltung ein Rettungswagen ohne Räder.

Auf dem Tiefpunkt meiner Taxikarriere verliebte ich mich sogar in die Bedienung der »Rattenbar«, ein holzdummes und generalfrigides Geschöpf. Dies war ein deutliches Warnsignal. Sich in Tresenkräfte zu verlieben ist in etwa so, als finge man in der Steilwand einen Streit mit dem Bergführer an – ein Mehr an Blödheit, Trübsal und Verfall ist schlicht nicht denkbar; eine derartige Kapitulation vor der Realität, ja dem Leben, zeugt von einem Grad an Hirnerweichung, wie man ihn nur bei fortgeschrittener Syphilis, schwerem Alkoholismus oder eben dem Taxiberuf findet. Ich begann, mich heimlich, still und leise in ein elendiges Nichts aufzulösen. Dasselbe hatte ich schon mal bei einem Kollegen mit ansehen müssen: Eines Tages war er einfach weg, wie vom Erdboden verschwunden. Ich bekam Angst, genauso zu enden.

An dieser Stelle möchte ich einen kleinen Einschub wagen. Natürlich sind nicht alle Fahrer gleich. Manche haben Familie und Zugang zu regulären warmen Mahlzeiten. Andere wechseln ihre Wäsche, fahren in Urlaub oder gehen an die frische Luft. Aus meiner Sicht handelt es sich dabei jedoch um exotische Ausreißer. Im Folgenden stelle ich ein paar der wichtigsten Fahrertypen vor.

Der alte Einzelunternehmer besitzt Berufsehre und Ortskenntnis. Tagsüber fährt er seine Stammgäste zur Dialyse und deren Enkel zur Musikschule. Er ist ein brummelndes Relikt aus einer Zeit, da man bei unserem Anblick noch »Herr Taxifahrer« sagte und nicht dachte »Die arme Sau«. Für den Droschkenkutscher aus Berufung sind alle Fahrer, die nicht seit Generationen zu seinesgleichen zählen, verächtlich »Studenten«, »Ausländer« oder »ausländische Studenten«.

Der Menschenfreund hingegen fährt vorwiegend nachts, und er fährt gern! Rundum berufen, ertränkt er jeden Fahrgast in seinem kristallklaren, positivistischen Redefluss. Wie überhaupt alle Menschen liebt er seine Kunden und hält in jeder Lebenslage einen guten Rat bereit. Wird er beleidigt, bedroht oder betrogen, hält er kurz inne und überlegt, ob er selber etwas falsch gemacht hat. Mein leider viel zu früh verstorbener Kollege Wolfgang belehrte einmal mit milder Güte drei Strichjungen, die ihn nur Wochen zuvor bestohlen hatten, und fuhr sie anschließend umsonst. Oft ist der *Menschenfreund* Schöngeist und Künstler.

Der Gleichgültige weiß längst nicht mehr, warum und wie lange er schon fährt. An Taxihalteplätzen liest er die *B. Z., Hürriyet* oder Schopenhauer und überhört dabei Funkaufträge. Das macht nichts – Fahrgäste stören sowieso nur beim Gleichgültigsein. Er fährt entweder tagsüber oder nachts, das ist ihm völlig schnuppe.

Der Abenteuerlustige ist Student, Nachtfahrer, Überflieger. An seinem Mahagonischreibtisch denkt er mit angenehmem Grusel an die Zeit zurück, da er während seines Studiums tatsächlich mal drei Jahre lang Taxi gefahren ist. Wie aufregend das war! Welch ein Erlebnis! Und total lustig, hihi. Einmal ist ihm doch glatt 'ne alte Oma mit 'ner Einkaufstasche … Aber das würde jetzt zu weit führen – die Mandanten warten.

Der *Unzufriedene* hat sich alles eigentlich ganz anders vorgestellt, auch wenn er nicht weiß, wie. Wie der *Menschenfreund* ist er eigentlich Künstler, aber er praktiziert nicht. Hat ja doch keinen Sinn. Unter der gewollt coolen Oberfläche brodelt ein mächtiger Widerwillen gegen die eigene Profession.

Irgendwann mutiert er zum *Gleichgültigen* oder aber zum *Gescheiterten*. Der *Gescheiterte* ist ein *Unzufriedener*, dem die Maske des Lebemanns endgültig aus dem Gesicht gepurzelt ist. Er ist nun eine unberechenbare Gefahr für die Allgemeinheit geworden. Allerdings scheitert der *Gescheiterte*, wie schon der Name sagt, rasch an höherer Einsicht, Berufsunfähigkeit oder Führerscheinverlust – und demissioniert.

Von der Klapse bis zum Künstler, vom Außenminister bis zum Obdachlosen sind die beruflichen Weiterbildungsmöglichkeiten fortan weit gestreut.

Einschub Ende. Die Schlussrunde meiner Karriere wurde eingeläutet. Der Rücken schmerzte, nach zwei Stunden im Taxisitz wurde das rechte Bein taub. Das Rektum rumorte. Oft ertappte ich mich dabei, wie ich mit flatternden Lippen Motorengeräusche imitierte, während ich unbesetzt durch ausgestorbene Straßenschluchten steuerte. Freitagnachts, während der wöchentlichen Konjunkturspitze, machte ich bereits um ein Uhr Feierabend, um mir zu Hause ein Glas Wein zur Videokassette zu gönnen. Wohin hätte ich auch sonst sollen? Der »Rattenbar« hatten Gesundheits- und Ordnungsamt den Riegel vorgeschoben, die meisten der alten Kollegen hatten den Absprung geschafft, in Richtung Hartz IV oder auch in andere Berufe. Völlig egal, Hauptsache, sie waren weg.

Die wenigen Fahrgäste, die ich noch hatte, verloren ihren letzten Reiz. Wer waren diese Menschen? Was machten sie in meinem Auto, das noch nicht mal mein Auto war? Sie laberten und wollten immer das Gleiche. Manchmal hatte ich nicht übel Lust, sie und mich GEGEN DIE WAND zu fahren, um so die Welt von einer Wagenladung Langweiler zu befreien.

Zum Glück fand ich am Ende eine weitaus angenehmere Lösung: Ich hörte einfach auf. Zack, bumm, ganz ohne Wand – und nach über sechzehn Jahren, die auch einen Querschnitt durch eine Epoche des Gewerbes darstellen. Die Love Parade kam und ging, alliierte Soldaten wurden von alliierten Touristen abgelöst und der Sprechfunk von stummen Bordcomputern. Die Distanz zum Taxiberuf tut mir gut und hilft mir, in diesem Buch unbefangen von lachhaften Marginalien wie Realität, Neutralität oder Fairness über meine Erlebnisse zu berichten.

Wenn Sie also schon immer mal wissen wollten, wie Taxischüler in Kasernen gedrillt werden, an welcher Stelle des Taxis man auf keinen Fall den Sicherungsknopf für die Alarmanlage findet oder welche Geheimnisse das ranzige Fell birgt, auf dem so mancher Fahrer sitzt, sind Sie mit diesem Buch bestens bedient. Sie erfahren auch, was eine »Storchenfahrt« ist oder ein »Langsamrestaurant«, außerdem jede Menge über geheimnisvolle Fahrgäste sowie seltsame Kollegen. In einigen wenigen Episoden wechsle ich gar die Perspektive und begebe mich selbst als Kunde auf den Rücksitz.

Doch Vorsicht – wer in diesem Moment mein ernstes und trauriges Gesicht sehen könnte, wüsste sofort Bescheid: Auch in den vorliegenden Geschichten werden einmal mehr aufs übelste Klischees strapaziert, und der Wahrheitsbegriff wird bisweilen arg ins Metaphysische gedehnt. Mein Psychotherapeut – an dieser Stelle einen herzlichen Dank an Dr. Dressler – hat mir dazu geraten. Es sei, sagt er, gesünder für meinen Abstand vom Taxigewerbe.

Sie, liebe Leserinnen und Fahrgäste, können übrigens erheblich dazu beitragen, diesen für alle Seiten gesunden Abstand aufrechtzuerhalten. Zu Ihrem eigenen Schutz möchte ich Ihnen dringend raten, dieses Buch in hohem Maße zu goutieren und es all Ihren Freunden, Bekannten und Verwandten weiterzuempfehlen. Nur so können Sie mit Sicherheit verhindern, jemals wieder hinter mir im Taxi zu sitzen. Als *mein*

Fahrgast - wobei Sie schnell erkennen werden, welch schnöder Euphemismus, nein, brutaler Hohn sich in diesem Zusammenhang hinter dem Wort ›Gast‹ verbirgt.

Wenn sie also an Ihrer guten Laune, Ihrer Gesundheit und Ihrem Leben hängen, empfehlen Sie um Gottes willen dieses Buch weiter!

Im Westen nichts Neues

Die Trillerpfeife des Unterprüfers weckt mich aus dem Schlummer, es folgt ein langgezogener Ruf: »Taxischüler aufstehen!«

Wie in Trance wälzen wir uns aus den Etagenbetten und legen die vorgeschriebene Kleidung an: das zerschlissene »Scorpions«-T-Shirt aus den achtziger Jahren, die braune Lederweste, die graue Jogginghose »Gabor«, die Herrensandaletten, keine Socken. Kaum fünf Minuten später tritt der gesamte Ausbildungszug in Habachtstellung vor den Stuben an. Es ist zwölf Uhr mittags. In den zwei Wochen Schulungskaserne hat man uns zukünftigen Nachtfahrern einen völlig neuen Lebensrhythmus eingebläut.

Hauptausbilder Sievert schreitet die Reihen ab. Mit scharfem Blick bemängelt er hier zu wenige Flecken auf der Weste und dort zu kurze Bartstoppeln. Als er vor dem Taxischüler Mertens stehen bleibt, stutzt er: »Wie riecht das denn hier, Taxischüler? Haben Sie sich etwa gewaschen!?«

Mertens stammelt. Er hat noch immer nicht begriffen, wie der Hase läuft: Nach außen hin immer schön kuschen, die Schikanen an sich abtropfen lassen und dabei denken »Leck mich am Arsch«. Heute ist schließlich Prüfungstag. Wenn alles gutgeht und wir nicht ins Nachschulungslager müssen, sind wir am Abend echte Taxifahrer. Dann kann uns keiner mehr was, beziehungsweise alle können uns mal. Kreuzweise.

Alle wissen das, nur Mertens scheint sich, so nah am Ziel, noch alles zu versauen. »Nur Wasser und Seife, Herr Hauptausbilder«, wimmert der Dummkopf. »Kein Deo, kein Parfum, kein Rasierwasser.«

»*Nur* Seife?«, gurrt der Taxiveteran in gefährlich süßlichem Tonfall, bevor es mit zweihundert Dezibel aus ihm herausbricht: »Sie begeben sich jetzt in tiefster Gangart zurück auf die Stube und reiben sich mit Buttersäure ein! Und wenn noch das Geringste vorfällt, können Sie Ihren Kram packen und bei United Parcel Päckchen fahren!« Beim Gebrüll des bärbeißigen Berufskraftfahrers zerspringen im nahegelegenen Wirtschaftsgebäude ein paar Fensterscheiben.

Erst in der Kantine stößt Mertens wieder zu uns. Er ist blass, aber immerhin stinkt er nun wie alle. Zum Frühstück gibt es Ravioli aus der Dose und Speed. Wer sich dazu das erste Bier aufmacht, erntet anerkennende Blicke des aufsichtführenden Unterprüfers.

Anschließend geht es geschlossen in den Theorietrakt zur Ortskundeprüfung, dem anspruchslosesten Examensteil. Meine Aufgabe ist eine Zielfahrt vom Bundeskanzleramt zum VIP-Swingerclub »Promisk« in Wannsee. Kinderleicht. Im Nu fügt sich im Kopf die kürzeste Route zusammen; wie aus der Pistole geschossen bete ich lückenlos und in korrekter Reihenfolge die Positionen sämtlicher Blitzampeln auf der Strecke herunter.

Erst beim praktischen Teil auf dem Kasernenhof wird es richtig ernst. Eine ausrangierte Fahrradrikscha in Elfenbeinfarbe und mit Taxischild fährt Prüfling und Prüfer von Station zu Station.

Bereits am »Taxistand« kann ich beweisen, was ich gelernt habe: Eine »alte Frau mit schwerem Koffer«

nähert sich von hinten dem »Taxi«. Mit einem ange-
deuteten Knopfdruck »entriegle« ich vom »Fahrersitz« aus das »Kofferraumschloss«. »Hallo, bitte, Herr
Taxifahrer«, jammert die Alte, »der ist so schwer.«
Souverän erkenne ich den gelegten Fallstrick: »Na
und?«, blaffe ich zurück, ohne mich umzudrehen. »Ick
hab's im Rücken!« Aus dem Augenwinkel registriere
ich das anerkennende Nicken von Oberprüfer Birmele.

Weiter geht es in den »Bezirk Mitte«, liebevoll ge-
kennzeichnet durch einen Tapeziertisch voll leerer
Bionadeflaschen. Daneben winkt »der ausländische
Tourist«. Ich bremse die Rikscha und halte extra dreißig Meter weiter. »Do you speak English?«, fragt
der herbeigesprintete Dummy. Er hält einen Stadt-
plan in der Hand. Die haben hier wirklich an alles gedacht!

»Hä?«

»Excuse me – do you speak English?«

»Na wenn du nix Deutsch, dann du nix Taxi! Vielleicht ja du finden Kamel, das dich zurück in deinen
Busch trägt. Und tschüs«, schlage ich ihm die Tür vor
der Nase zu. »Sehr richtig«, lobt Birmele. »Gar nicht
erst auf Diskussionen einlassen!«

Beim »normalen Fahrgast« unterläuft mir um ein
Haar ein Schnitzer. »Ich muss ganz schnell zur Grenzallee«, äußert der verkleidete Unterprüfer seinen
Fahrtwunsch. »Alles klar: Grenzallee. Bitte sehr«, liegt
es mir schon auf der Zunge, als mir gerade noch die
rettende Lösungsantwort einfällt: »Und ich muss ganz
schnell für kleine Jungs …« Puh, das ist gerade noch
mal gutgegangen! Weitere Aufgaben wie das Beleidigen und Abweisen des »Rollstuhlfahrers« sowie die

sexuelle Belästigung der »jungen Frau« gehen mir vergleichsweise leicht von der Hand.

Mit einer Flasche in der Anzugtasche und einem Seidenschal um den Hals wartet schließlich noch der betrunkene Volksschauspieler – diesmal nicht in Anführungszeichen, denn Sandro Otter spielt einfach nur sich selbst. Das anachronistische Faktotum verkörpert noch immer den ungewollt prolligen Charme des alten Westberlin, einer piefigen Provinzposse aus Zuhältern, Politikern, Filmproduzenten und Kirmesboxern, die auf ihrer ruhelosen Jagd nach den Goldenen Zwanzigern für alle Zeiten zwischen fünfziger und siebziger Jahren hängengeblieben sind. Lehrbuchmäßig fahre ich den Mimen, der sich nicht mehr artikulieren kann, auf eigene Faust zwischen den Charlottenburger Promi-Pinten »Franz Diener« und »Paris Bar« hin und her.

Am Ende scheinen wir es tatsächlich alle geschafft zu haben. Am Rand des Parcours lauert jedoch eine letzte heikle Hürde in Gestalt von Hauptausbilder Sievert auf uns: »Zeigen Sie mal Ihre Kasse«, ruft er, nicht gerade überraschend, zu einer stichprobenartigen Kontrolle des Taxiportemonnaies auf. Damit muss man rechnen, Taxischüler Mertens allemal, den es in diesem Fall trifft.

»Alle mal herkommen«, ruft uns Sievert zusammen. Staunend stehen wir um die ordentlich sortierte Börse herum, die uns der fassungslose Ausbilder präsentiert. »Lauter kleine Scheine«, hört man die Kameraden ungläubig raunen, »alles sauber«, und »jede Menge Silbergeld«.

»Das ist doch Wahnsinn«, bellt Sievert. »Damit könnten Sie ja praktisch auf jeden großen Schein rausgeben!« Er ist außer sich vor Wut. Tja, das war es wohl mit Mertens. Hat mich ohnehin gewundert, wie er auch nur die »alte Frau« geschafft haben will.

Mit dem brandneuen Personenbeförderungsschein, in dem noch nass der Stempel des Verkehrsministers glänzt, verlassen wir die Kaserne. Aus dem winzigen Zellenfenster im Wachgebäude winkt uns Taxischüler Mertens traurig hinterher. Unsere Antwort: Daumen hoch. Nach altem Brauch werden die frischgebackenen Taxifahrer nun drei Tage lang saufend, grölend und brandschatzend durch die Innenstädte ziehen. Das haben wir uns verdient.

Meine erste Taxischicht

Ich bin so jung, wie ich nie mehr sein werde. Der Kopf ist voll von komischem Kram und der Blick dummstolz geradeaus gerichtet anstatt realismusgebeugt auf die eigenen Füße. Zartblonder Flaum überzieht die feuchten Ohrmuscheln. Es ist ein sonniger Dezembertag im Jahre 1990. Vor wenigen Tagen habe ich die P-Schein-Prüfung bestanden. Jetzt geht mein Leben richtig los.

Ungeduldig scharre ich mit den Hufen wie ein prachtvolles Hengstfohlen, während mein Chef Heiner mir das Taxi erklärt: den Taxameter, das Funkgerät, die Automatikschaltung, den Mechanismus zum Öffnen der Motorhaube, die eigenwillige Daimlerhandbremse, den Schalter für die Dachleuchte, Warndreieck, Taschenlampe, Reserverad; die Alarmanlage unter dem Lenkrad und, »ganz besonders wichtig«, wie er mir einschärft, den verborgenen Notsicherungsknopf im Motorraum, um die meist versehentlich ausgelöste Alarmanlage wieder abzustellen.

»Jaja«, sage ich zu allem und nicke in einem fort. Ich will los. Was faselt der Mann da? In Gestalt unverdaulicher Worthülsen dringt Heiners Ansprache zu einem Ohr herein und wird, Exkrement gescheiterter Kommunikation, vom Hirn unverarbeitet aus dem anderen Ohr wieder ausgeschieden. Ich habe nichts als den nächsten Morgen im Kopf und meine erste Taxischicht überhaupt – eine Tagschicht für den Anfang.

»Na, dann dürfte ja alles klar sein«, grinst Heiner zum Abschluss. »Viel Glück morgen – Kopf- und Bauchschuss, toi, toi, toi!«

Jaja, denke ich, *du mich auch*, sage aber: »Danke!«

»Hup, hup, hup!«

Es gibt wohl kaum einen schockbeladeneren Moment, als in einem Taxi zu sitzen, in dem gerade völlig überraschend die Alarmanlage losgeht: Ein markerschütterndes Hupen im Sekundentakt begrüßt mich zu Schichtbeginn um sechs Uhr morgens, kaum dass ich Bett, Haus und Parkbucht verlassen habe.

»Hup, hup, hup!«

Mit einem Mal bin ich hellwach. Der Schreck fährt mir wie Strom in die Glieder. Als ich endlich doch so etwas wie den Abklatsch der tieftrüben Ahnung vom Hauch der Parodie eines klaren Gedankens fassen kann, lautet dieser: »Wow – besser als Kaffee!« Aus diesem Übungsgedanken schält sich jedoch ein zweiter, sinnvollerer und rasch auch alles andere beherrschender Gedanke heraus: »Wie, um Gottes willen, kriegt man diesen Höllenlärm wieder aus?«

»Hup, hup, hup!«

Ich verfluche meinen unfähigen Chef, diese jämmerliche Made im Speck: Textet mich am Vortag stundenlang mit sinnlosem Senf zu, an den ich mich mit keiner Silbe erinnern kann. Er hätte mir besser mal ein paar wertvolle Basics an die Hand geben sollen. Draußen wanken einige Nachtschwärmer vorbei. Der müde Überhang vom gestrigen Freitagabend, wegen dem ich extra so früh losfahren wollte. Früher Vogel fängt den Wurm …

»Hup, hup, hup!«

Früher Vogel fängt den Wurm? Früher Vogel weckt alle auf. Ich bin die Brüllamsel und nicht die Nachtigall!

»Hup, hup, hup!«

Die Nachtschwärmer suchen das Weite. Ich springe aus dem Auto und laufe sinnlos um das Fahrzeug herum. Aha, die Dachleuchte ist aus! Wie machen die Kollegen das eigentlich immer, dass die so leuchtet? Sollte ich Heiner mal fragen, wenn ich ihn sehe und ihm erkläre, warum sein Taxi von Samstag bis Montag früh vor dem Büro steht und hupt, bis ihm der Saft ausgeht.

»Hup, hup, hup!«

Außerhalb des Wagens ist es fast noch lauter. Ich verstehe nicht, wie hier in der Straße noch irgendjemand schlafen kann. Kann wahrscheinlich auch niemand, nicht mehr. Die Situation ist an Peinlichkeit kaum zu überbieten. Ich muss das verdammte Ding auskriegen!

»Hup, hup, hup!«

Irgendwas war doch da mit dem Motorraum, ja, das könnte die Lösung sein. Fieberhaft suche ich nach einem Griff, um die Haube zu öffnen, und finde keinen. Mir fällt ein, dass ich ja funken könnte, um einen Kollegen zu fragen: Immer noch besser, vor versammelter Mannschaft meine Unwissenheit in den Äther zu blasen, als hier in Kürze von einem entfesselten Mob in Pantoffeln und Schlafmützen am nächsten Hochbett aufgeknüpft zu werden. Und zwar zu Recht. Leider habe ich keine Ahnung, wie das Funkgerät funktioniert. Ohnmächtig knirsche ich mit den Zähnen: Heiner, ich bring dich um!

»Hup, hup, hup!«

Irgendwann finde ich einen Griff. Vorne knackt etwas an der Motorhaube, doch sie öffnet sich nur einen Spaltbreit. Als ich mir in blinder Hast die Hand am Kühlergrill aufreiße, entdecke ich eine Plastikschlaufe und ziehe daran: Die Haube ist auf, die Suche nach der Stecknadel im Heuhaufen kann beginnen.

Der Motorraum ist stockdunkel. Mit einer Taschenlampe ginge es bedeutend leichter, doch woher nehmen? Es ist alles vollkommen hoffnungslos. Irgendwo öffnet sich ein Fenster, und eine Stimme brüllt. Ich kann den Wortlaut nicht verstehen – die Alarmanlage ist zu laut –, doch es klingt wie der wahnsinnige Schrei eines frisch geblendeten Zyklopen. Neben mir zerschellt ein Eisblumentopf. Erstmals spiele ich mit dem Gedanken, mich der Situation durch Flucht zu entziehen. Bloß weg hier. Runter von der Straße. Raus aus der Stadt. Fort aus dem Land. Unterwegs den P-Schein verbrennen, eine letzte Entschuldigungspostkarte an Heiner und irgendwohin auf eine kleine raue Insel im Nordpolarmeer.

»Hup, hup, hup!«

Ein Polizeiauto fährt langsam vorbei. Das ist meine Rettung: Die müssen schließlich gucken, ob mir was passiert ist. Es könnte immerhin sein, dass ich überfallen werde.

Hektisch fuchtle ich mit den Armen. Die Beamten winken zurück – es ist ihnen zu laut und zu kalt, um die Seitenscheibe zu öffnen – und fahren weiter. Verzweifelt blicke ich ihnen nach, bis sie um die Ecke verschwunden sind. Eine Wasserbombe zerplatzt auf meinem Kopf – und irgendetwas tief in meinem Herzen.

Starthilfe

Seit kurzem zucke ich wieder jedes Mal zusammen, wenn ich mit ansehen muss, wie jemand Starthilfe gibt. In der kalten Jahreszeit zucke ich besonders oft zusammen.

Schon als Kind bin ich ständig zusammengezuckt. Von meinen Akademikereltern wurde ich mit der Furcht vor den unkontrollierbaren Seiten des Lebens geradezu geimpft. Die größten Gefahren, so schärften sie mir ein, lauerten in bösen Onkels, schmutzigen Händen und falschem Umgang mit elektrischem Strom.

Bei uns zu Hause wurde stets die Hauptsicherung herausgedreht, bevor Vater mit der gottergebenen Miene eines Selbstmordattentäters auf die Leiter stieg, um eine Glühbirne zu wechseln, während sich Mutter in sicherer Entfernung mit geschlossenen Augen die Ohren zuhielt. »Ich versteh sowieso nichts davon«, pflegte sie zu praktisch allem zu sagen, doch im Grunde verstand niemand aus unserer Familie etwas davon. Alles war Zufall. Die Physik war eine der Astrologie verwandte völlig unberechenbare Pseudowissenschaft, der auf keinen Fall zu trauen war: Wer wusste denn schon, ob die Hauptsicherung auch wirklich funktionierte oder ob einen nicht plötzlich von irgendwoher ein loser Rest Starkstrom wie ein Leopard mit ungeahnter Tücke ansprang? Extreme Experimente mit Hexereicharakter, wie das Aufhängen von Lampen oder Starthilfe zu geben, überließ man grundsätzlich dem Fachmann.

Seit ich Taxifahrer bin, ist das Gewähren von Starthilfe auf einmal Routine. Obwohl ich gelernt habe, dass beim geringsten Fehler irgendetwas unglaublich Schlimmes passieren kann, riskiere ich Winter für Winter bedenkenlos mein Leben. Fast wöchentlich verbinde ich Minus mit Minus und Plus mit Plus; das mache ich nach wie vor am liebsten alleine und sehe dabei immer noch zweimal hin – mehr gibt es ohnehin nicht zu beachten. Manchmal sprühen Funken, wenn ich bei nassem Wetter so achtlos wie tollkühn ein Kabelende über die Karosserie streifen lasse. Was würden mich meine Eltern bewundern, wenn sie sähen, mit welch lässiger Eleganz ich den Teufel am Schwanz ziehe und dazu ein forsches Liedlein pfeife! Ich glaube, der Verzicht auf eine akademische Karriere zugunsten des Taxifahrerberufs ist größtenteils nur der Aufarbeitung dieses kollektiven Familientraumas geschuldet und dem ersehnten Ausbruch aus dem pathologischen Teufelskreis frühkindlicher Tabus: böser Onkel, schmutziger Uli, gefährlicher Strom.

Daran muss ich denken, als ich nach zwei Stunden Standzeit am Märkischen Platz endlich einen Auftrag bekomme und den Zündschlüssel drehe. Nichts rührt sich. Kein Strom. Zähneknirschend bitte ich die Zentrale, den Kunden weiterzugeben und mir zur Starthilfe einen Kollegen zu schicken.

Der Kollege kommt. Anfang dreißig, Denkerbrille, cooles, leicht überhebliches Pokerface. Er hat ein eigenes Überbrückungskabel dabei: Das hier ist sein Job, ich bin quasi der Kunde. Immerhin darf ich noch an meinem Wagen die rote Klammer an den Minuspol zwicken und die schwarze an den Pluspol. Dann öffnet er seine Motorhaube und späht angestrengt hinein. Es ist dunkel, wir haben keine Taschenlampe. »Komisch«, meint er, »das kann man irgendwie gar nicht richtig erkennen ...«

Ich selber sehe auch nicht mehr als er. Während ich zu meinem Auto zurückgehe, fixiert er bereits die erste Klammer. Der wird schon wissen, was er tut, denke ich Akademikerkind und traue dem anderen automatisch das überlegene Know-how zu.

Die folgende Zehntelsekunde gestaltet sich nicht unspektakulär: Nie zuvor habe ich aus solcher Nähe einer derart gewaltigen Explosion beiwohnen dürfen. Ohne dass ich die geringste Bewegung wahrgenommen hätte, steht der Sprengmeister mit einem Mal fünf Meter von seinem Auto entfernt und starrt ungläubig auf seine rechte Hand: Sie ist pechschwarz. In Siebenmeilenstiefeln hat mich die Vergangenheit eingeholt – die Eltern haben wieder einmal recht behalten: Böser Strom, schwarzer Mann, und im Umkreis von zwanzig Metern liegen die massiven Plastiktrümmer einer Autobatterie verstreut.

Der Kollege spricht in ruhigem Tonfall weiter. »Scheiße«, analysiert er absolut emotionslos, »das war wohl der falsche Pol.« Er kratzt sich gemütlich am Kopf und fragt mich: »Sag mal, was mach ich denn jetzt am besten?«

Noch immer zeigt er eine Art heitere Gelassenheit. Entweder hat er einen Schock, oder er ist wahnsinnig. Ich tippe auf beides und blicke auf sein Auto. Der Motor läuft noch. Der rechte Scheinwerfer hängt heraus, der linke gibt immerhin Standlicht. »Am besten, du fährst nach Hause und feierst Geburtstag«, schlage ich vor. Er wirkt unentschlossen.

»Hast du dich wirklich nicht verletzt?« Er schüttelt den Kopf. Ich bin mir nicht sicher, ob er Geld erwartet. Die Starthilfe hat ja nicht geklappt, also würde mein Chef sie auch nicht bezahlen. Und Trinkgeld? Fünf Euro dafür, dass er sein Leben riskiert hat? Das käme mir irgendwie schäbig vor. Außerdem ist er selber schuld. Ich gebe ihm nichts.

Er fährt davon, und ich rufe erneut die Zentrale, ob sie mir jemanden zur Starthilfe schicken können.

Da müsse doch schon einer gekommen sein, erhalte ich zur Antwort.

»Ja, aber der hat sich und sein Auto in die Luft gesprengt.«

»Das ist ja nicht schön«, kichert die Funkerin, »dann schicke ich Ihnen besser einen Neuen.«

Der Neue macht alles richtig. Trotzdem zucke ich erstmals nach langer Zeit wieder provisorisch zusammen, und dabei wird es wohl auch in Zukunft bleiben.

Die Moabiterin

»Darfick roochen?«, fragt die Moabiterin, als sie mit brennender Zigarette und ihren zwei kleinen Kindern am Urban-Krankenhaus in mein Taxi steigt.

»Wenn Sie wollen«, erwidere ich und schränke die Erlaubnis mit einem subtil versteckten Hinweis im selben Moment raffiniert wieder ein: »Ist bestimmt gut für die Kinder.«

»Ja, isses«, nickt sie, »famma Moabit: Lehrter Straße!« Wir fahren los. Wegen der Hitze sind das Schiebedach und die Fenster geöffnet. Vorne und zunächst auch hinten, wo sie von der Moabiterin im Nu geschlossen werden. Dabei bläst sie ihrem Söhnchen den Rauch direkt ins Gesicht. Der Junge hustet.

»Ick'loube, der hat süsch erkältet«, reklamiert die Moabiterin, »mamma vorne Fenster zu.« Ich kurbele die Fenster hoch und sorge so innerhalb kürzester Zeit für den Hitze-Effekt einer Sauna, in der eine Skatrunde für das Guinness-Buch der Rekorde schon den dritten Tag ununterbrochen raucht, trinkt und schwitzt. Wir sind erst fünf Minuten unterwegs, da zündet sich die Moabiterin bereits die dritte Zigarette an. Die beiden anderen glimmen halbgeraucht im Aschenbecher und verbreiten einen tödlichen Dunst, der das Auto durchzieht wie Giftgas die Schützengräben vor Verdun. Während ich fahre, stehe ich nun halb auf dem Fahrersitz, recke oben den Kopf aus dem Dach und lenke mit nach unten durchgestreckten Armen. Draußen zeigen Radfahrerinnen mit Fingern auf uns, vermutlich weil sie noch nie einen Taxifahrer gesehen haben, der sich für den Kommandanten eines Schützenpanzers zu halten scheint und eine zur Funkkraftdroschke umgebaute Dampflok fährt. Wenigstens bekomme ich auf diese Weise gerade genug Luft, um die wichtigsten Körperfunktionen aufrechtzuerhalten, doch auf dem Rücksitz muss es die Hölle sein: Kein Wunder, dass nun auch das Töchterchen hustet und keucht.

»Die Kleene is ooch erkältet«, kombiniert die Moabiterin, »mamma Schiebedach zu.«

Willenlos schließe ich das Dach. Ansonsten halte ich einfach die Luft an, um eine Rauchvergiftung zu vermeiden, und fahre immer schneller, da ich nur begrenzt die Luft anhalten kann.

»Mutti, mir ist schlecht«, jammert das Mädchen.

»Denn rooch do' eene, hier«, empfiehlt die Moabiterin und zündet ihrem Kind eine Marlboro an. »Is aber würkli' schleschte Luft hier. Haste keene Klimaanlare in deener Jurke?«

»Mutti, ich hab Hunger«, meldet sich der Sohn zu Wort. Hunger? Hier und jetzt? Er muss wirklich vollkommen unempfindlich sein: ein Nikotin-Mutant?

»Rooch do' eene«, empfiehlt die Moabiterin. Jetzt rauchen alle drei. Ich halte die Luft an und rase, was das Zeug hält. Es geht ums nackte Überleben. Dabei übersehe ich um ein Haar eine Radfahrerin, denn der Sauerstoffmangel beginnt allmählich, meinem Gehirn zu schaffen zu machen.

»Die kannste ruisch rischti' umnieten«, zwitschert die Moabiterin gut gelaunt.

»Warum sollte ich?«, frage ich interessiert.

»Weilick Rattfah' einfa' nüsch lei'n kann«, erklärt sie auf ihre Art schlüssig.

Ich wäge ab, ob ich ihr großzügiges Angebot annehmen oder ablehnen soll: Einerseits würde Umnieten bestimmt kolossal fetzen, andererseits wäre das sicher verboten – wie alles, was richtig Spaß macht. Ich entscheide mich folglich, die Dame nicht umzunieten. Ohnehin sind wir schon so weit vorbeigefahren, dass ich umkehren und sie suchen müsste, aber dazu reicht der Sauerstoff nicht mehr aus.

»Mutti, ich hab immer noch Hunger«, quengelt der Mutant.

»Okay, okay«, seufzt die Moabiterin, »denn kieken wa no' zu Mustafa. Paar Haribo holen, Sixpack Schulli für Vatti und Stange Marlboro für müsch. Hattma Kiosk«, wendet sie sich an mich. Sie bezahlt, und alle taumeln röchelnd und hustend zum nächsten Zeitungsladen. Ich lüfte die Kiste und durchwühle das Handschuhfach, bis ich endlich finde, was ich gesucht habe: Das Pausenzigarettchen habe ich mir redlich verdient.

Der König der Rattenbar

Ich fahre noch nicht lange Taxi, als mich ein erster Vorgeschmack auf das ereilt, was der Job früher oder später aus mir machen wird.

Eines Nachmittags klingele ich bei Stinky, um mir eine versprochene Videokassette auszuleihen. Wie andere Kollegen habe ich ihn in der »Rattenbar« kennengelernt – mit ihrer Öffnungszeit bis mindestens acht Uhr morgens ein wichtiger Treff für uns Jungkutscher, die den Wagen selten vor vier abstellen.

Nach einer gefühlten Ewigkeit öffnet Stinky die Tür und steht vor mir in ausgewaschenen Boxershorts, auf denen sich frivole Micky-Maus-Motive aneinanderreihen. Im selben Moment kreischt er auch schon auf wie ein sterbender Vampir: Das spärliche Restlicht eines kalt im Treppenhaus hängenden Wintertags muss die blutunterlaufenen Augen des Nachtfahrers mit dem Effekt eines rotglühenden Blendeisens getroffen haben. Sein blasses Gesicht leuchtet im diffusen Dämmerlicht wie ein frisch gewaschenes Leichentuch. In dessen Mitte öffnet sich spaltbreit ein von Zähnen und Lippen lückenhaft gesäumtes Fallrohr. Fäulnis verströmend stammelt die Kloake kaum hörbar etwas dahingehend, dass es keinen Zweck habe bei ihm, dass er nicht an Gott glaube und ich es deshalb gar nicht erst zu versuchen brauche, auf Wiedersehen. Offenbar erkennt er mich nicht.

Ich bin bestürzt. Nichts erinnert mehr an den bierleuchtenden Teint, die schwungvolle Gestik und die blühende Phantasie, mit der dieser König der Nacht am Tresen der »Rattenbar« bis in den Tag hinein die unglaublichsten Taxiheldensagen schildert. Jetzt, am Tag, wirkt der König wie ein Fisch auf dem Trockenen. Ein Untoter, der erst im Kontext mit seinem Element, der Finsternis, zu einer Art unechtem Leben erwacht und sein wahres Gesicht zeigt: Er ist ein Taxizombie. Und ich bin sein gelehriger Jünger, der ihm eines Tages unweigerlich folgen wird.

»Mann, Stinky, ich bin's doch: der Uli!«

Er dreht sich um und schlurft zurück in seine Wohnung. Mit einer müden, kaum wahrnehmbaren Handbewegung bedeutet er mir, ihm zu folgen. Ich bin mir relativ sicher, dass er nach wie vor keinen Schimmer hat, wer ich bin, doch die Akzeptanz der Geschehnisse erscheint ihm schlicht am unaufwendigsten.

Nicht nur Stinky selber, auch seine Höhle macht seinem Namen alle Ehre. Meine Augen gewöhnen sich langsam an die Dunkelheit in der Parterrewohnung, wo die Fenster mit Wolldecken zugehängt sind, und erfassen antike Pizzareste in vergilbten Pappschachteln. Plötzlich glimmt zu meiner Überraschung das Licht zweier Taxidachleuchten auf, die vermutlich von den Wagen einer Konkurrenzfirma abmontiert und entwendet wurden – und gibt den Blick frei auf die schwarz gestrichenen Wände. An der einen zeigt eine Fotomontage ein ans Kreuz geschlagenes Hängebauchschwein auf einem Hügel aus Elektroschrott. Der Eber scheint mit weit aufgerissenem Maul fürchterlich zu quieken, blutiger Schaum trieft von den gewaltigen Hauern. Stinky scheint ja doch gläubig zu sein, wenn auch auf eine etwas eigenwillige Art.

»Kain am Kreuz des Konsums«, erläutert Stinky matt. »Ich geh mal in die Küche.«

Ich spare mir den Hinweis, dass er womöglich ein paar Bibelstellen verwechselt hat. Lieber lobe ich den Künstler. Der bringt auf diese Weise wenigstens ein bisschen Sinn in sein Ableben – das sollte ich ruhig auch mal versuchen. Mit bildender Kunst habe ich es allerdings nicht so. Ich nehme mir stattdessen vor, irgendwann mit dem Schreiben anzufangen, da beherrsche ich immerhin schon die Buchstaben.

Durch einen Türspalt sehe ich Stinky nun inmitten einer Art gekachelter Sondermülldeponie stehen. Er holt mit einem Handbeil aus, knackt mit zwei kräftigen Hieben eine Raviolidose und schüttet sich den Inhalt kalt in den weit geöffneten Rachen: sein Frühstück.

In diesem Augenblick schiebt sich meine gar nicht so entfernte Zukunft wie ein düsterer Schatten vor das innere Auge. Panisch flüchte ich ohne die Kassette, wegen der ich doch gekommen bin, und gehe arbeiten. Am nächsten Morgen würden wir uns ohnehin wiedersehen.

In der Falle

In der Nacht zum Freitag sind die Bullen los: An einem Dutzend Stellen lauern sie auf allzu schnelle Beute. Für die nahezu flächendeckenden Geschwindigkeitskontrollen bedienen sie sich sämtlicher Waffen, die ihr Arsenal zu bieten hat: weißer Blitz, Infrarot, Laserfernglas, Nagelbretter, Stricke, Fallgruben, Netze, Fliegenleim …

Ehe ich mich's versehe, zapple auch ich in einer bereits gutgefüllten Mausefalle, die Kater Staat für Ratte Bürger aufgestellt hat. Als ich mein Taxi blindlings ins Unglück steuerte, dröhnten die »Butthole Surfers« aus den Boxen, übertönten die Radarwarnungen der Kollegen im Funkgerät und ließen meinen Bleifuß schneller als erlaubt auf dem Gaspedal tanzen. Nun habe ich den Salat. »Immer auf die Ärmsten der Armen«, klage ich beim Schikanenführer. Der zuckt mit den Schultern: »Sollen wir uns vorher von jedem den Gehaltsnachweis zeigen lassen?« Wozu brauche ich einen Gehaltsnachweis, wo doch als Beweis meiner Existenznot das im Jargon nicht umsonst »Hungerleuchte« genannte Taxischild schwarz auf gelb vom Droschkendach funkelt?

Ich weiß nicht, was ich denen getan habe. Hinter mir wird ein Taxi nach dem anderen in die Schleuse gelotst. Im Laufe des heutigen Tages ist offenbar ein Streifenpolizist von Taxifahrern in einen Hinterhalt gelockt und enthauptet worden, irgendeinen halbwegs angemessenen Grund für dieses pogromartige Kesseltreiben muss es schließlich geben.

Sie wollen alles sehen: Konzession, Führerschein, P-Schein, Fahrzeugschein, irgendeinen Sozialzettel. Der Fahrzeugschein ist, wie in diesem Fall vollkommen üblich, nur als Kopie vorhanden. In halbstündiger Kleinarbeit wird im Polizeibus dennoch eine kostenpflichtige Meldung gemalt, dazu eine weitere an den Zoll, weil ich den Sozialzettel nicht dabeihabe. Dabei besitze ich sogar einen. »Dadurch, dass Sie den Sozialzettel nicht dabeihaben, hat sich ein Anfangsverdacht begründet«, erklärt mir ein Beamter, warum er mich für einen Verbrecher hält.

»Brauchen Sie sonst noch was?«, frage ich ironisch, während sich der Büttel durch pfundweise zerfleddertes Papier und verschrammte Plastikkarten wühlt. »Impfpass, Geburtsurkunde, Jugendherbergsausweis?« Er schüttelt den Kopf. An der Art des Kopfschüttelns erkenne ich, dass ich mich langsam ein wenig zurücknehmen sollte.

Aber da ich ein Großmeister der überflüssigen Eskalation bin, will ich das auch bei jeder günstigen Gelegenheit beweisen. »Als Nächstes halten Sie hier noch die Penner an und fragen sie, ob sie einen Verbandskasten im Einkaufswagen haben!«

Das scheint mein Gegenüber auf eine Idee zu bringen. Obwohl er eigentlich schon alles gesehen hat, will er nun noch mehr sehen. Und wissen. Und prüfen. Und anfassen. Der Verbandskasten wird auf der Stelle beschlagnahmt und im Schutze eines Räumpanzers gesprengt. Seit dem 7. 1. 2007 hätten da nämlich auch Kondome mit rot-weiß gestreifter Warnzeichnung nach europäischer Verkehrsnorm drin zu sein sowie ein versiegelter Viererpack Fruchtzwerge gegen den größten Hunger. Die Polizisten wirken zunehmend bedrohlich. Einer nestelt nervös an seinem Holster herum, während ich im Polizeibus auf Schwarzgeld und gefälschte Sozialzettel geröntgt werde. Von dort aus muss ich zusehen, wie das Taxi bis zur letzten Schraube und Gummidichtung zerlegt wird, bevor sich eine Meute heulender Spürhunde drüber hermacht. Der Polizeipräsident persönlich verabreicht mir nun ein Brechmittel, das eine vorschriftswidrig kurzgebratene Currywurst zutage fördert. Erschrocken über so viel kriminelle Energie schütteln die umstehenden Beamten ungläubig den Kopf. Zwar freuen sie sich über den fetten Fang, doch graust ihnen auch sichtlich vor diesem unzivilisierten Faktotum aus einer längst vergessen geglaubten anarchischen Epoche, in der Faustrecht, Chaos und kopierte Fahrzeugscheine die Straße regierten.

»Haben Sie denn wenigstens eine saubere Unterhose an?«, gibt mir der Netteste noch eine letzte Chance. Ich erbleiche. Eigentlich schon, doch ob das hier und heute reicht? Gummibehandschuhte Hände verschwinden mit dem Corpus Delicti in Leopardenfeinripp. Nur unzureichend bedecke ich meine Blöße im Schein der Straßenlaterne mit den Händen, als im hell erleuchteten Fenster des Polizeilaborwagens der gesenkte Daumen erscheint. Sekunden später klicken die Handschellen.

Trinkgeld

Die jüngst wieder in Mode gekommene Streitfrage, wer denn nun zur »zivilisierten Welt« gehöre und wer nicht, beantwortet sich naturgemäß nicht aus dem Vergleich aller ohnehin barbarischen Systeme, sondern einzig und allein durch die Frage: Trinkgeld oder kein Trinkgeld?

Trinkgeld zu geben adelt den Menschen, keines zu geben verrät ihn. Gerade in der modernen westlichen Welt kann sich beim besten Willen niemand mehr mit Unwissenheit herausreden. Dennoch schlägt mir in meinen Aufklärungsgesprächen zuweilen immer noch ein überraschtes »Das habe ich nicht gewusst« entgegen. Schwer zu glauben, geht es doch um eine mit dem Dienstleistungswesen immanent verbundene Geste, die Tausende von Jahren alt ist. Gewissermaßen eine soziale Pflicht, deren Unterlassung einer mittelschweren Beleidigung gleichkommt.

Eine weitere beliebte Ausrede lautet: »Ich hab kein Geld!« Ich denke, wer kein Geld hat, um eine gewünschte Dienstleistung *vollständig* im Sinne von *angemessen* zu bezahlen, möge darauf verzichten und es später mit Hilfe des solchermaßen Ersparten getrost erneut versuchen. Bestimmt klappt es dann. Bis dahin heißt es zu Fuß gehen – das regt auch die Denktätigkeit ungemein an. Junge Frauen sind in meiner persönlichen Statistik noch vor der Gruppe der alten Männer im Schnitt am anfälligsten für diesen groben

Mangel an Stil und Verstand. Selbst eine treue Freundin, im Grunde ein herzensguter und großzügiger Mensch, pflegte die bescheuerten Argumente Armut und Unwissenheit zu kombinieren, so dass ich mich gezwungen sah, Erziehungsarbeit zu leisten, die eigentlich noch vor dem ersten Töpfchengang von der offenkundig nachlässigen Mutter hätte erledigt werden müssen. Vorübergehend wollte ich schier verzweifeln und fragte mich, welche Schlange mich da an ihrem Busen genährt hatte, bis im verblendeten Kopf der lieben Kameradin zum Glück doch noch das humane Restempfinden die Oberhand behielt gegen die bestialische Ignoranz.

Das ist exakt das Stichwort: Ich denke, das Trinkgeld scheidet nicht nur die zivilisierte Welt von der unzivilisierten, sondern darüber hinaus erst den Menschen vom Tier. Welches Tier gibt denn schon mal Trinkgeld? Kaum eines, und so bildet das folgende kleine Erlebnis sicher die berühmte Ausnahme, die die Regel nur bestätigt.

Eines Tages transportierte ich eine Dame zusammen mit ihrem hochtoupierten kleinen Pudelhund. Als wir unser Ziel erreicht hatten, kramte die Dame in ihrer Geldkatze, während der Pudelhund, als habe er eine böse Ahnung gehabt, nervös und von ihr unbemerkt in der Manteltasche seines Frauchens stöberte. Diese gab mir schließlich auf den Cent genau abgezählt das Geld und schickte sich an zu gehen. Hinter ihrem Rücken atmete schwer keuchend ihr Pudelhund. Er und ich – wir blickten uns an. Er hatte Tränen der Scham in den Augen, so peinlich war ihm das Verhalten seiner Herrin. Er hielt mir die Pfote hin und gab mir fünf Euro Trinkgeld. Ich dankte. Dann bemerkte ich, dass auf dem Kopf des Pudelhundes ein Frosch saß und die Kreditkarte der bösen Frau im Mund hielt. Ich nahm sie und dankte auch ihm. Das Ganze hatte nur Sekundenbruchteile gedauert, und die garstige Hexe hatte nicht das Geringste bemerkt. Erst jetzt drehte sie sich um und zerrte Pudelhund und Frosch an einer Eisenkette grob und rücksichtslos aus dem Fond. Dann verschwand das vor allem nach moralischen Gesichtspunkten ungleiche Trio für immer in der Dunkelheit.

Gelogen? Gewiss, aber gut gelogen. Genau so, oder ähnlich, hätte es sich nämlich abspielen können und spielt es sich bestimmt auch täglich Milliarden Mal auf unseren Straßen ab: Ein deutsches Trinkgelddrama – wie leicht wäre es vermeidbar gewesen!

Kurz vor Ostern

»Was hat sie denn?«, frage ich wie beiläufig in die Stille hinein.

»Er«, verbessert die Frau, »sie ist ein Er. Ein ganz alter und kranker Er«, fügt sie zum Katzenkorb gewandt hinzu, »aber das wird schon wieder.« In diesem Moment ertönt aus dem Korb ein schwaches Maunzen. Der direkt hinter mir sitzende Mann sagt nichts, doch der glanzlose Blick, den ich im Innenspiegel auffange, straft die Hoffnung seiner Frau ebenfalls Lügen. Das wird nicht wieder.

Ich enthalte mich eines Kommentars, und rasch kehrt wieder Schweigen ein. Ich kenne diese Art von Touren: spätabends oder tief in der Nacht mit einem maladen Haustier die weite Strecke von Schöneberg nach Lankwitz. Das bedeutet tierärztlicher Notdienst, denn davon gibt es höchstens zwei oder drei in der ganzen Stadt.

Wir halten vor einem Bungalow in der hinteren Gallwitzallee. Die Frau steigt aus, schnappt sich den Katzenkorb und strebt zügig mit ihm Richtung Eingang. Der Mann zahlt. Dabei späht er kurz über die Schulter, als vergewissere er sich, dass seine Frau außer Hörweite ist, und fragt mich leise, ob ich vielleicht zehn bis fünfzehn Minuten warten könne. »Das könnte sich lohnen«, stellt er unsentimental in Aussicht, »wir fahren ziemlich sicher gleich wieder zurück.«

Ich bin einverstanden. Kurz vor Ostern ist das Geschäft traditionell schlecht. Ich würde sogar eine halbe Stunde warten. Während ich dem Mann nachblicke, wie er Frau und Katze ins Haus der Entscheidung folgt, komme ich nicht umhin, mir einen üblen Wunsch einzugestehen: Ja, natürlich hoffe ich, dass die Katze sterben wird, dass man sie dort drin ohne Schmerzen, vor allem aber ohne überflüssige Wartezeit einschläfern möge. Ein absolut reines Gewissen habe ich bei dem Gedanken nicht, aber was soll ich machen? Bei der geschilderten Geschäftslage kann es im Grunde nur heißen: Sie oder ich, ach nein, er oder ich. Die Katze würde sterben und ich würde leben! Als logische Folge ihres raschen und komplikationslosen Ablebens könnte ich mir Essen kaufen, Alkohol, Drogen und feingeistige Literatur. So birgt der Tod als unverzichtbarer Mannschaftskapitän des hinduistischen Dream-Teams aus Schöpfer, Erhalter und Zerstörer zugleich immer schon den Keim neuen Lebens in sich, nun ja, nicht unbedingt ganz neuen Lebens, aber es ist sicher haltbarer als diese erlöschende Katzenseele in der tiefschwarzen Nacht auf Gründonnerstag. Ich zerstreue meine letzten moralischen Zweifel mit Hilfe der laienhaften Ferndiagnose, dass sich das Tier ohnehin nur noch sinnlos gequält hätte.

Nach handgestoppten sieben Minuten tauchen die beiden wieder auf. Diesmal trägt der Mann den Korb. Im Gehen schlenkert er ihn hin und her. Das Behältnis scheint sehr leicht geworden zu sein, was dem Schlenkern im Nachhinein etwas Pietätloses verleiht – ich habe jedenfalls keine Fragen mehr. Das Paar steigt hinten ein.

»Einmal zurück, bitte«, sagt der Mann. Die Frau weint. Auch ich weine nun fast, allerdings vor Rüh-

rung, denn eines ist klar: Die Katze ist für mich gestorben, für mein Leben und gewiss auch für meine
Sünden. Sie, beziehungsweise er, ist mein Miezias.
Jedes Ostern werde ich von nun an seiner gedenken,
vor mir auf dem Schreibtisch das Standbild einer an
einen Kratzbaum genagelten Katze: Fritz von Naza-
cat, König der Katzen – INRI, WHISKAS, KITEKAT.
Sollte ich noch öfter solche Touren haben und dadurch
steinreich werden, so baue ich ihr, also ihm, einen Dom
in Gestalt eines riesigen Katzenklos aus Backstein.
Gotisch, romanisch, katzentisch – ganz egal. Während
ich im halbspirituellen Wahn drei rote Ampeln hin-
tereinander missachte, beginne ich, leise zu beten:
»Kater unser, der du bist im Himmel ... empfangen
durch den heiligen Geist, geboren von der Jungfrau
Muschi ... gestorben in der Gallwitzallee ... Tierkör-
perbeseitigungsanstalt ... am dritten Tage überfahren ...
sie, also er, liegt zur Rechten Gottes ... Kyrie eleison ...
heim ins Reich ... kniet nieder, ihr Kleingläubigen ...
im Namen des Katers und des Sohnes und des ...
Scheiße, ein Blitzer!«

Ich könnte mich ohrfeigen! Auf einen Schlag bin ich
weit mehr als den zu erwartenden Fahrpreis los, und
das arme Vieh, Gott hab es selig, ist umsonst gestorben, nein, schlimmer noch: für den nimmersatten
Landvogt Staatskasse.

Ein Witz

Der Fahrgast ist angetrunken und offensichtlich heiteren Gemüts. Gleich nach dem Einsteigen fragt er mich: »Was haben Schwule und Taxifahrer gemeinsam?«

Ich ahne es.

»Beide haben gerne einen hinten drin.«

Meine Ahnung hat sich bestätigt. Bedächtig wiege ich den Kopf und schenke dem Herrn den Anflug eines Lächelns: »Ein hervorragender Scherz. Wirklich. Ich glaube zu spüren, wo in Ihrer, übrigens blendend vorgetragenen, kleinen Anekdote der Clou steckt. Trotzdem würde ich gerne mit Ihnen gemeinsam die Pointe analysieren. Mit ›hinten drin‹ spielen Sie gewiss einerseits auf den Anus eines mutmaßlich homosexuellen Mitbürgers an, dem das erigierte Glied eines anderen Mitbürgers gleichgeschlechtlicher Neigung eingeführt wurde, wodurch sich Ersterer sexuell stimuliert sieht. Wenn ich das Adverb ›gerne‹ in diesem Sinne interpretieren darf?«

»Äh …«

»Und auf der anderen Seite, die Rolle des Fahrers innerhalb des Witzkonstrukts betreffend, kombiniere ich, dass er einen Fahrgast im Fond transportiert, folglich im Grunde ebenso ›hinten drin‹ – kolloquial formuliert, gewissermaßen, doch das muss man ja, damit der Witz funktioniert, das verstehe ich. Der Fahrer ist über die Situation erfreut, hat also ›gerne einen hinten drin‹. Hihi, ist ja irre, wenn ich da mal länger drüber nachdenke – weil ihm aus dieser Tatsache Beschäftigung entsteht und als deren Konsequenz ein Wertvorteil. Auch hier also wollen Sie, wenn ich das richtig verstanden habe, in Ihrem, ich möchte es an dieser Stelle nochmals ausdrücklich unterstreichen, exzellenten Witz das Wortpaar ›hinten drin‹ betont wissen. Kann man machen, kann man durchaus machen, hihi. Der Witz, unterbrechen Sie mich übrigens ruhig, wenn ich etwas Falsches sage, ist ja wohl in erster Linie der inhaltlich/sprachlichen Kongruenz geschuldet, die sich durch den familiär unpräzisen Begriff ›hinten drin‹ ergibt. Obwohl vordergründig und landläufig den beiden in der Aussage angeführten Subjekten völlig verschiedene Milieus und damit auch Verhaltensweisen zugeschrieben werden, ergibt sich hier eine grotesk anmutende Parallelität, die schon ein Schmunzeln entlocken kann, gewiss. Kern der Witzempfindung ist ja im Allgemeinen immer so ein wohliges Erschrecken, quasi ein ›Aha-Erlebnis‹, wie man es auch diesem Witz ganz klar entnehmen kann. Und wie es Ihnen gelungen ist, das hochsensible Gleichgewicht dieses äußerst fragilen Witzgebildes aufrechtzuerhalten! Hätten Sie nur ein Wort geändert, sagen wir, anstelle ›hinten drin‹ ›hinten raus‹, ach was sage ich, nur einen einzigen Buchstaben: statt ›Schwule‹ zum Beispiel ›Schule‹ – schon wäre der Witz nicht mehr derselbe gewesen, zwar durchaus noch mit kurzweiligen Elementen versehen, doch letztlich nur mehr ein Schatten seiner selbst, ein billiger Abklatsch, eine fade Parodie. Aber so, geradezu klassisch im Aufbau: eine runde Sache, Ihr Witz! Funktioniert ausgezeichnet! Zauberhaft! Ganz köstlich! Bitte nehmen Sie dieses

Lob aus sehr berufenem Munde an – Sie haben's sich echt verdient. Sie mögen es mir vielleicht nicht gleich angesehen haben, aber dieser klasse Witz hat die Sonne in mein Herz gebombt. Dort scheint sie jetzt ohne Unterlass und wie verrückt. Ich werde mein Leben lang an Sie denken, Sie Spitzenwitzemacher, Sie Meister der scharfen Zunge! ›Beide gerne einen hinten drin‹ – hihi! Wissen Sie was? Ich fahre Sie umsonst ... Nein, keine Widerrede! Einfach aus Dankbarkeit. Ich schulde Ihnen so viel. Ich gebe Ihnen auch noch mein ganzes Geld dazu ... Ich verdanke Ihnen meine gesamte Existenz ... Und das Auto können Sie auch gleich behalten. Ich brauch's nicht mehr – ich hab ja jetzt den Witz. Werde mich damit selbständig machen. Überall, auf allen großen Bühnen der Welt werde ich fortan nur noch Ihren Witz erzählen ...

Nanu, Sie gucken so komisch. Keine Angst, selbstverständlich sage ich immer dazu, dass er von Ihnen ist!«

Eilfahrt

Ein Taxistand irgendwo in Kreuzberg. Im Schweinsgalopp nähert sich eine Frau mit Rollkoffer meiner dort wartenden Funkkraftdroschke: Ganz schnell müsse sie zum Flughafen Tegel, bitte, sie habe einen überaus wichtigen Kongress auf Mallorca, bitte, bitte, das sei der letzte Flieger heute, in zehn Minuten müssten wir da sein.

»Die spinnt!«, analysiere ich knapp und präzise. Aber eigentlich ist sie ganz nett. Man muss auch einmal die Kirche im Dorf lassen können und unaufgeregt die Faktenlage prüfen, die da lautet: Erstens spinne ich selber; zweitens habe ich mich auch schon mal mit der Zeit verkalkuliert, wenngleich wohl noch nie auf derart wirklichkeitsfremde Weise; drittens kennen wir das doch irgendwie alle: »Wichtiger Kongress auf Malle« – das heißt doch nix anderes als Sonnenbrand, Weinbrand und am nächsten Morgen Megabrand. Sofort fühle ich mit. *Schnalle muss nach Malle – scheiß auf Radarfalle*, schießt es mir durch den mit einem Mal hypernervös gewordenen Kopf. Das beklommene Herz pumpt hektoliterweise Adrenalin in den Fuß und über diesen direkt weiter ins Gaspedal. Es ist das klassische Stockholm-Syndrom: Ich identifiziere mich mit dem Fahrgast, der zu spät kommt. Nicht sie muss den Flieger erreichen – *wir* müssen ihn kriegen, sonst platzt das Ballermann-Symposium. *Wir müssen nur dran glauben*, schmiere ich mir suggestiven Amischwulst ins Hirn. *Zusammen sind wir stark, Frau Malle und ich, gemeinsam werden wir es schaffen!*

Und mit einem Mal erhält dieser sonst so schwachsinnige Job beinahe eine Art Sinn. Wenn ich sehr schnell und sehr gut fahre, kann ich einen Menschen sehr glücklich machen. Nein, ich kann sogar zwei Menschen sehr glücklich machen: Wir rasen schließlich im selben Boot durch das Häusermeer, falls wir nicht untergehen wie die Titanic. Die Jägerin des entschwindenden Mallekongresses unternimmt während der Fahrt den desperaten Versuch, fernmündlich einzuchecken, und telefoniert von Pontius zu Pilatus: Pontius hat wie üblich keinen Schimmer, und Pilatus wäscht seine Hände mal wieder in Unschuld. »Hätte ich Ihnen gleich sagen können«, bemerke ich etwas naseweis, »versuchen Sie's doch mal direkt am Easyjet-Schalter.« Sie versucht es, aber dort geht keiner ran.

Also bleibt uns nur noch eine letzte potentielle Erfolgsformel, und die heißt Formel 1. Ich gebe mächtig Stoff. Am Donnerstagnachmittag ist das allerdings eine Methode, die sich geradezu sinnlich nah an die Unmöglichkeit schmiegt. Vor und neben mir zelebrieren Fahrer mit Hut entrückt die Trödelstunde. Sie müssen ja nicht nach Malle, also soll gefälligst auch sonst niemand hin. Um uns herum herrscht ein fatales »Cucumbering in front of the Lord«, wie der Angelsachse in seiner unnachahmlich treffenden Art zu formulieren weiß: ein »Gegurke vor dem Herrn«. Wenn die Straße doch mal kurz frei ist, lasse ich den Motor brüllen, bis der Gestank angeschmorter Einzelteile zum geöffneten Fenster hereinweht – zum Glück gehört mir das Auto nicht.

Auf abgefahrenen Reifen treffen wir vor der Abflughalle ein, und Malle rennt schon mal los. Vereinbarungsgemäß folge ich mit dem Koffer. Am Schalter strahlt sie mich an: Sie darf tatsächlich noch mit – eine Viertelstunde vor dem geplanten Start. Unser gemeinsames Glück erreicht einen nie für möglich gehaltenen Gipfel. Einen kurzen Moment lang denke ich fast, sie will mich küssen. Das fände ich dann aber doch etwas deplatziert.

Slow Food

Früher habe ich mich einfach nur geärgert. Wenn ich nachts während der Taxischicht eine kurze Pause einlegen wollte, um mir in dem vermeintlichen Schnellrestaurant an der Yorckstraße einen Burger zu holen, wartete ich dort oft ewig.

Manchmal hielt ich den Laden schon für eine Art gerechte Gottesstrafe: Wer so einen Dreck frisst von so einem Imbisskonzern und dabei in Kauf nimmt, dass der seine Mitarbeiter ausbeutet, an Scientology verkauft, Personalräte durch Killer beseitigen lässt, mit seiner Massentierhaltung die Wälder, die Ozonschicht, die Welt und mit ihr die Darmflora ihrer Bewohner vernichtet, nur damit es schnell geht, ist nun mal, vorsichtig gesagt, ein verantwortungsloses Nazizuhälterschwein der übelsten Sorte. Und wenn ich dann wieder endlos warten musste, dachte ich mit einer Mischung aus Resignation, Masochismus und kathartischer Erleichterung: »Geschieht mir recht.« Eines Tages aber fällt es mir wie Schuppen von den Augen: Ich bin hier Gast in einem Langsamrestaurant!

Warum hatte ich das nicht eher bemerkt? Jetzt erst fällt mir das eingerahmte Foto an der Wand über dem Schmutzgeschirrwagen auf: Es zeigt eine gähnende Schülerin, darunter die Zeile: »Mittagsschläfer des Monats«. Auf dem Kopf trägt sie stolz die vorgeschriebene Schirmmütze mit den aufgesetzten Schneckenfühlern und dem Logo: »Burger Creep«. Trotz der harten Konkurrenz von Schneck Donald's und Kentucky Slow Chicken ist Burger Creep an der Yorckstraße das bei weitem lahmste Langsamrestaurant der Stadt.

Fast unmerklich nähert sich eine andere Schülerin dem Verkaufstresen. »Immer schön langsam«, scherzt sie von weitem mit schwacher Stimme, »eine junge Frau ist doch kein D-Zug!« Schließe ich nur für zehn Minuten die Augen, um sie anschließend wieder zu öffnen, scheint sie sich keinen Zentimeter bewegt zu haben. Nach mehreren Stunden hingegen zeichnet sich ein klares Resultat ab: Irgendwann wird sie mich unweigerlich nach meiner Bestellung fragen.

Ich studiere die Karte: Bei der Sonderaktion »Los Wochos« versprechen sie einem für einen einfachen Hamburger eine Wartezeit von zwei Wochen. Ich aber bin längst von der Atmosphäre wohltuender Langsamkeit infiziert. Die 2000 Leute in der Schlange unterhalten sich in friedlichem Wisperton. Hinten in der Küche ertönt leise ein Gong, dann eine Triangel. Getragene schamanische Gesänge schwellen an und verebben wieder. Nein, so eine hektisch und halbroh hingeschluderte Speise möchte ich nicht!

»Sie wünschen bitte?«, fragt die Angestellte. Kleine Fältchen schmücken nun ihre Augen, sie wirkt nach dem langen Weg hierher deutlich älter und reifer als zuvor.

»Einen Doppel-Schnarch mit Bacon bitte, und einen Fish Creep.«

»Der Doppel-Schnarch ist alle. Aber wie wär's denn mit einem Schleichburger vom argentinischen Faultier? Gut abgehangen und schön langsam gebraten mit lange verwelktem Salat.«

»Na, das klingt doch ausgezeichnet. Und dazu noch eine mittelalterliche Portion Pommes.«

»Ist notiert«, malt sie die Bestellung in Öl auf Leinwand. »Als Menü oder heute noch?«

»Als Menü, oder nein: Was wäre denn bitte ›heute noch‹?«

»Eine etwas irreführende Bezeichnung für ›Außer Schneckenhaus‹. Ist allerdings nicht mit so viel Liebe gemacht. Das verfluchte Tempo verdirbt alles.«

»Nee, nee, lassen Sie sich mal schön Zeit, junge Dame. In der Ruhe liegt die Kraft!«

Statt einer Antwort kratzt sie sich gähnend am Kopf. Anschließend schnürt sie umständlich ihr Bündel und tritt die lange, lange Wanderung zur Anrichte an. Dort befreit die mittlerweile Grauhaarige die Fritteuse mit gichtigen Händen von dicken Spinnweben und stellt die Sonnenuhr. Dann stirbt sie an Altersschwäche und wird im Laufe der Jahre von einer neuen Schülerin ersetzt, die die erste Phase des Frittiervorgangs überwacht, bis auch ihre Stunde schlägt.

Irgendwann habe ich das Gefühl, nicht mehr recht zu wissen, warum ich überhaupt hier bin. Gewiss, der Weg ist das Ziel. Aber welches? Das habe ich vergessen, ist einfach zu lange her. Wollte ich nicht eine Pause machen? Meine Taxischicht ist längst vorbei. Auch das Taxi ist weg, verrostet, vermodert wie die Fahrgäste. Es gibt schon lange keine Menschen mehr und keine Städte. Es gibt überhaupt nichts mehr auf diesem Planeten, außer einer leise zischenden Fritteuse, bewacht von einer Art riesiger schillernder Schmeißfliege auf plutoniumbetriebenen Rollschuhen.

»Bleiben Sie ruhig«, brummt die Schmeißfliege, »das dauert jetzt leider ein paar Lichtjahre.«

»Macht nichts«, antworte ich virtuell, denn ich bin bereits einige Millionen Jahre tot. »Ich kann warten …«

Auf keinen Fall möchte ich ungeduldig wirken.

Selbstmord ist Sport

Speziell in Ausgehgegenden setzt sich in den letzten Jahren zunehmend eine merkwürdige neue Trendsportart durch: Dunkel gekleidete Leute stellen sich nachts einzeln, in kleinen oder größeren Gruppen auf die Fahrbahn. Mit einem Bier in der Hand verharren sie dort möglichst passiv und unauffällig, um vom heranbrausenden Verkehr erst im allerletzten Moment als Hindernis erkannt zu werden, denn genau darin liegt der Kick. In Sommernächten begegnet man dem Phänomen weit häufiger als im Winter – es muss wohl doch entfernt mit Lebensfreude zu tun haben und legt den Schluss nahe, dass viele der Spieler das eigene Überleben zumindest theoretisch mit ins Kalkül ziehen. Von daher ist die gern gebrauchte Bezeichnung »Street Suiciding« auch irreführend – passender finde ich »Extreme Provoking« oder den neudeutschen Begriff »Haltestelling«.

Nur ein kleines Stück von parkenden Autos oder dem Bürgersteig entfernt zu stehen gilt dabei eher als Anfängerübung, die Fahrbahnmitte bleibt dem Könner vorbehalten. Die Meister unter diesen fröhlichen Funsportlern verfügen nicht nur über gute Reflexe, sondern besitzen vor allem eine extreme Nervenstärke, wenn es gilt, das Gebrüll des erschrockenen Autofahrers auszuhalten, der es meist gerade noch geschafft hat, im letzten Moment auszuweichen. Denn damit, dass der Fahrer ausweicht, um sich Dreck, Geschrei und Gerichtskosten vom Hals zu halten, rechnen die Teilnehmer – darauf basiert schließlich die gesamte Spielidee. Ebendiese außerordentliche psychische Beanspruchung scheidet das banale Spiel vom harten Sport. Die Anfänger am Straßenrand müssen eher damit rechnen, dass ihre achtlos auf dem Asphalt abgestellten Bierflaschen zermalmt oder sie selber allenfalls vom Seitenspiegel gestreift werden. Im athletischen Bereich hingegen haben sämtliche Klassen der Straßensteher denkbar wenig Eigenleistung einzubringen – schon artverwandte Zerstreuungen wie russisches Roulette oder das Ankreuzen der Lottozahlen wären körperlich aufwendiger. Sie sind allenfalls im Vorfeld mental gefordert, wenn es um den Entschluss geht: Straße oder Bürgersteig, hopp oder topp, leben oder sterben? Doch sobald sie diesen Fragenkomplex zumindest optional für sich geklärt haben, ist alles ganz einfach, geht alles wie von selbst. Das Testament ist geschrieben, das Feld bestellt. Nun muss man sich bloß noch auf die Oranienstraße stellen und warten.

Es gibt so viele Varianten: zum Beispiel, in letzter Sekunde zwischen zwei geparkten Lieferwagen auf die Straße zu springen. Eine eher weibliche Variante wiederum besteht darin, an Nachtbushaltestellen auf dem Randstein sitzend die ausgestreckten Beinchen graziös in den nächtlichen Verkehrsstrom ragen zu lassen. Und auch der Nachwuchs wird häufig schon mit einbezogen, wenn die Trendsportlerin ihren Kinderwagen jäh in die Fahrbahn hineinschiebt, wie um zu prüfen, ob der Verkehr denn auch recht flüssig fließe. Bremsen quietschen, vor Nervenkitzel juchzt der kleine Nachwuchssportler. Das ist Sport für die ganze Familie!

Nur sterben wollen die Kandidaten, wie gesagt, eigentlich nicht. Sie nehmen es zwar anscheinend billigend in Kauf, doch letztlich rechnet jeder damit, dass der Fahrer noch bremst. Woran sie nicht denken, wenn sie mit ihren Beck's-Flaschen supercool auf den Straßenbahnschienen herumlungern, ist, dass im nächsten Auto vielleicht ein ganz anderer Typ hinter dem Steuer sitzt, einer, den sie so nicht erwartet haben: ein Soziopath mit komplett fehlender Tötungshemmung. Vorne auf der Kühlerhaube blitzt wie die Zieleinrichtung einer Bordkanone der Stern, an den Seiten seines Wagens klebt Werbung für Käfighaltung: ein Taxifahrer eben.

Wutgebrüll, Angstgeschrei, klirrendes Glas. Er verfolgt die Spaßvögel über die Straße, fährt mit seinem Taxi über den Bürgersteig, in einen Hauseingang hinein und – ja, damit haben sie nicht gerechnet – einfach die Treppe hoch. Koste es, was es wolle. Bereits an der zweiten Stufe reißt die Ölwanne ab, und im ersten Stock hat er einen Kolbenfresser. Das Spiel scheint schon aus zu sein, doch im Handschuhfach liegt ja noch die Knarre …

Gut und Böse

Bestimmt ein Küchenunfall, denke ich, als mich ein Mann mit wehenden Verbänden an beiden Händen heranwinkt. Es ist zwei Uhr morgens im gottverlassenen Niemandsland zwischen Rudow und Schönefeld, acht Kilometer vom Neuköllner Krankenhaus entfernt.

Der Küchenunfall öffnet die Beifahrertür, fuchtelt knapp vor meiner Nase mit einem länglichen Gegenstand herum, und ich bin erst wieder beruhigt, als sich die vermeintliche Waffe als Röhrchen entpuppt, das, zusammen mit zahlreichen Schläuchen, gekappt aus den gelockerten Mullschichten ragt.

Der Mann ist Russe. Er gibt mir mühsam zu verstehen, dass er es nicht mehr weit nach Hause hat. Er hat kein Geld dabei, nur eine verbeulte EC-Karte. Das eine hilft mir so wenig wie das andere. Doch als begeisterter Hobbykoch fühle ich mich auf unbestimmte Weise solidarisch. Ich bitte ihn herein und fahre ihn nach Hause: eine gute Tat.

Er besteht darauf, mir zum Abschied die Hand zu schütteln. Ich schaffe es, exakt die Stelle zu erwischen, an der das Blut bereits getrocknet ist. Nachdenklich blicke ich ihm hinterher und male mir die Umstände näher aus: Vielleicht hat er am Vorabend mit seiner Frau zusammen Wodka getrunken und ist dann in der heimischen Küche auf sie losgegangen. Als Küchenunfall ist das allenfalls bei äußerst großzügiger Auslegung zu bezeichnen.

Danach mag er, in einer Mischung aus Triumph und Entsetzen, die linke Hand durchs Küchenfenster geschmettert haben. Der Lärm weckt die Nachbarn. Die Nachbarn wecken die Polizei und den Notarzt. Der Notarzt weckt die Frau, die lebt nämlich noch. In einer Mischung aus Wut und Enttäuschung landet nunmehr die rechte Hand in der Glasscheibe der Küchenvitrine und anschließend mitsamt deren Besitzer im Neuköllner Krankenhaus. Hier wiederum fühlt sich der unstete Mann nicht wohl und macht sich folgerichtig auf den langen Heimweg, um dort das begonnene Werk zu vollenden. Unterwegs sieht er ein Taxi. In dem Taxi sitze ich: Sein Glück ist meine gute Tat.

In dem Bewusstsein, dass der Rest der Nachtschicht gelingen wird, fahre ich weiter. Ich habe da nämlich so einen komischen Aberglauben: Gute Taten werden sofort belohnt. Ich habe keine Ahnung, ob das von meiner pseudoreligiösen Erziehung kommt, von zu viel Fernsehen oder von Drogen mit abgelaufenem Verfallsdatum. Tatsächlich aber winkt mir bereits der nächste Fahrgast.

Der Mann lallt dermaßen, dass ich zunächst nicht verstehen kann, wo er hinwill. Ich muss mehrmals nachfragen und werde zunehmend ungeduldiger, bis ich merke, dass er nicht betrunken, sondern stumm ist. Er weist mir den Weg mit den Händen, wobei er jede Richtungsänderung laut lallend ankündigt. Sein Fahrtziel muss ganz in der Nähe liegen – so viel ist immerhin klar –, doch da er nicht in der Lage ist, den günstigeren Kurzstreckentarif zu fordern, drücke ich den Normaltarif. Das ist gar keine gute Tat! Mein Aberglaube besagt leider auch, dass jede böse Tat sofort bestraft wird.

Furcht beschleicht mein Herz. Jetzt kommt es drauf an: Ist die Benachteiligung von Stummen in höherem Maße böse, als das kostenlose Russenheimfahren gut ist? Habe ich also eine große Strafe zu befürchten? Oder ist es nur ein wenig mehr böse, so dass die Nacht nur etwas schlimmer wird? Vielleicht wiegt die Rettung des armen Verletzten sogar schwerer als der harmlose kleine Stummenbeschiss, so dass sich mein Lohn-/Strafekonto noch im schwarzen Bereich befindet? Oder, nicht auszudenken, gilt der Russentransport möglicherweise gar nicht als gute Tat, weil ich ihm ja indirekt dabei geholfen habe, seine Frau zu ermorden? Aber woher soll ich das eigentlich wissen? Ich habe es mir schließlich nur ausgemalt!

Plötzlich fällt mir siedend heiß ein, dass ich die Belohnung für den Russen ja sowieso schon gekriegt habe: Der Stumme war meine Belohnung! Der hat mir fünf Euro zwanzig gegeben. Die Belohnungen sind auch nicht mehr das, was sie mal waren: Früher gab's wenigstens noch eine Ewigkeit Paradies – aber heute? Fünf Euro zwanzig. Ach ja, plus dreißig Cent Trinkgeld. Dafür habe ich mit dem Stummen zugleich die Belohnung missachtet. O Gott, das ist ja dann doppelt böse! Böseböse. Strafe! Strafe! Strafe! Hoffentlich haben sie die Strafen genauso geändert wie die Belohnungen, das heißt, statt Fegefeuer Geldstrafe oder vier Wochenenden Anti-Beschiss-Training.

Ich schlottere vor Angst. Furchtsam trete ich das Gaspedal durch, manchmal bringt einen Bewegung ja auf andere Gedanken. Nichts wie weg aus Rudow! Neben mir an der Ampel steht ein tiefergelegter BMW. Darin spielt eine Wildsau mit dem Gaspedal. Sie lässt den Motor aufheulen wie Meryl Streep in »Jenseits von Afrika«, als Robert Redford stirbt. Es wird grün, und die Wildsau heizt los. In der lauen Nachtluft liegt der Geruch von verschmortem Gummi. Bei aller Bewegungsfreude komme ich da nicht hinterher.

Zum Glück lauert hinter der nächsten Kurve der Förster in seinem grünen Rock. Er wedelt engagiert mit einer Leuchtkelle, aber ich hätte sowieso gehalten. Ich frage ihn, ob er, der Herr Förster, die Wildsau gesehen und seine Flinte dabeihabe? Er nickt: Die habe er gesehen. Er sei außerdem nicht der Förster und wolle dreißig Euro von mir für fünfundsechzig Stundenkilometer. Das sei die Strafe.

Aha, das ist also die Strafe, denke ich und bin fast ein kleines bisschen erleichtert. Was denn nun mit der Wildsau sei, will ich dennoch wissen. Die sei zu schnell für ihn gewesen, aber die würden die Kollegen an der nächsten Straßensperre kriegen.

»Straßensperre?«

Genau, warnt der falsche Förster. Da sei jemand auf der Flucht, der seine Frau umgebracht habe: »Seien Sie vorsichtig!«

Der alte Schutzmann

Vor dem Roten Rathaus steht ein alter Wachpolizist. Er ist sehr wachsam, seine Nerven sind zum Zerreißen gespannt. Jederzeit könnten Terroristen mit Lastwagen, Flugzeugen oder Haschraketen das Rathaus angreifen. Als ich mich ihm mit dem Taxi nähere und vor seinen Augen wenden möchte, kommt er sofort herbeigeeilt und schnauzt mich an: Ich hätte die gedachte Linie überfahren, an der die Einbahnstraße beginnt, erklärt er. Ich dürfe hier nicht wenden. Und ich müsse die ganze Einbahnstraße jetzt in der vorgesehenen Richtung durchfahren. »Quatsch«, sage ich, weil ich da gar nicht lang will. Er droht. Das sei ein Befehl. Ich müsse mich daran halten.

Es knistert: Man kann förmlich hören, wie sich sein mikroskopisch kleines Glied unter dem Eindruck der eigenen Einlassungen in Sekundenschnelle versteift und, einem abgebrochenen Zündholz gleich, den grünen Dienstschlüpfer von innen heraus perforiert. »Das ist eine Einbahnstraße«, bellt er, »wollen Sie sich mit mir streiten?« Ich will nicht mit ihm streiten. Wir haben beide ohnehin schon genug zu tun – ich muss arbeiten, und er muss aufpassen: Hinter seinem Rücken kann ich sehen, wie eine Horde Graffitisprayer das Rote Rathaus besprüht, genau an der Stelle, die er eben noch bewacht hat. »Tötet alle Bullen« steht jetzt dort – in zwei Meter hohen Buchstaben.

»Na gut«, sage ich, »weil Sie die Macht haben.«

»Ich habe keine Macht«, kokettiert er.

»Doch, Sie haben Macht«, beharre ich.« Macht ist genau genommen sogar das Einzige, was er hat. Er hat keine Hoffnung, kein Herz und kein Hirn. Aber er hat Macht. »Ich beuge mich nur der Macht«, gebe ich ihm zu verstehen.

Einsicht wäre ihm lieber gewesen: Einen kurzen Moment lang sehe ich seine Augen funkeln und die rechte Hand angedeutet zur Waffe zucken. Er erwägt offenbar, die Pistole zu ziehen und sein Magazin leerzufeuern, bis ich mich einsichtig zeige. Dann lässt er es sein: Das würde doch bloß Ärger geben – wie damals: Er hatte in der Meldestelle diesen Scheinausländer aufgefordert, ihm seinen Ausweis zu zeigen, und als der daraufhin in seine Tasche griff, hatte er natürlich keine Wahl gehabt – finaler Rettungsschuss aus Putativnotwehr. Nur wegen dieser Geschichte ist er mit achtundfünfzig Jahren immer noch Polizeihalbmeister. Nur wegen dieser Geschichte erschießt mich der alte Wachpolizist vor dem Roten Rathaus nicht – dem Tod des Scheinausländers verdanke ich mein Leben.

»Sie haben Glück«, sagt der alte Wachpolizist.

»Das glaube ich auch«, stimme ich zu. »Ich habe Glück, und Sie haben die Macht.«

Im Hintergrund fahren mehrere schwere Lastwagen heran. Dutzende vermummte Männer springen heraus, schreien laute Kommandos und verlegen geschäftig kilometerweise Zündschnüre aus großen Kabeltrommeln um das Rathaus herum, in das Rathaus hinein und aus dem Rathaus wieder heraus.

»Ich habe keine Macht«, sagt der alte Wachpolizist. Seine Stimme wird brüchig: »Ich muss mich ganz alleine um meine kranke alte Motter kümmern.«

»Das tut mir leid«, tröste ich ihn, »das habe ich nicht gewusst.« Ich stelle mir vor, wie er heute Abend zur Mutter nach Hause kommt, in die gemeinsame Wohnung, müde vom Dienst: Den ganzen Tag lang hat er das Rote Rathaus gegen den internationalen Terrorismus verteidigt. »Ach, Motter«, ruft er nach hinten ins Zimmer, »den ganzen Tag wieder nur freche Antworten gekriegt – und ein Angriff nach dem anderen.« Er erhält keine Erwiderung, aber das ist er von Mutter ja gewöhnt. Er ist schon froh, dass sie nicht mehr so stinkt wie noch vor drei Jahren. Er tritt zu ihr an den Sessel und kümmert sich ein bisschen um sie: »Ach, Motter«, seufzt er, »wie gut, dass wir uns noch haben«, und püschelt ihr mit einem Pinsel aus Straußenfedern den Staub von den blanken Knochen. »Was meinst du, habe ich Macht, Motter?«, fragt er schließlich, nur um sich selbst die Antwort zu geben: »Ach nein, ich habe keine Macht!«

Ein bisschen traurig und verloren steht er nun da, der alte Wachpolizist. Um ihn aufzumuntern, sage ich: »Schon gut, schon gut. Ich gebe zu, ich habe einen großen Fehler gemacht. Bitte verzeihen Sie mir! Ich werde mich auf der Stelle vorschriftsmäßig mit meinem Fahrzeug entfernen!«

»Wirklich?«, fragt der alte Wachpolizist, und jetzt kommen endlich die Tränen, die er so lange tapfer zurückgehalten hat. Sie fließen in einem nicht enden wollenden Strom und lindern den ganzen Druck aus Überstunden, Beförderungssperren, Terroristen, Taxifahrern, Motter …

Im selben Moment, und wohl kein Regisseur der Welt hätte das wunderbarer inszenieren können, fliegt das Rote Rathaus in die Luft und der alte Wachpolizist mit der Druckwelle an mir vorbei und in der falschen Richtung durch die Einbahnstraße.

»Ja, wirklich«, rufe ich ihm zu. »Aber die Macht haben Sie trotzdem!«

Das ist kein Wolfsfell

Zu fortgeschrittener Stunde leistet sich die junge Familie ausnahmsweise mal ein Taxi. Papa sitzt auf dem Beifahrersitz und Mama hinter mir, neben sich die beiden Kleinkinder. Dem jüngeren hat man einen Schnuller ins Mäulchen gestopft, das ältere hingegen übt sich bereits ausgiebig in der Kunst der freien Rede.

»Ist das ein Wolfsfell?«, kräht das sprachbegabte Kind, kaum dass wir zwei Meter Richtung Heiabett zurückgelegt haben. Dabei zupft es von hinten an dem durchgesessenen alten Fell, in das gehüllt mein Chef vor mehr als dreißig Jahren aus dem Hochschwarzwald getürmt war, um in Berlin seinen unbewussten Lebenstraum wahr werden zu lassen: einen schlechtlaufenden Taxibetrieb zu gründen.

»Ist das ein Wolfsfell?«

Jetzt also sitze ich seit Jahren Nacht für Nacht auf diesem zotteligen Lappen. Der erfüllt im Grunde nur einen einzigen geheimnisvollen Zweck, doch den gebe ich niemals preis.

»Ist das ein Wolfsfell?«

»Ja, das ist so grau«, streckt Mama schon beim ersten Schuss die Waffen, »wie ein Wolfsfell. Ja, ich glaube, das ist ein Wolfsfell.«

»Ist das ein graues Wolfsfell?«, möchte nun der Junge wissen.

»Ja, das ist ein Wolfsfell!«, behauptet leichthin die Mutter.

»Ist das ein Wolfsfell?«

Herrgott, ist das Balg denn völlig taub? In welchem Alter öffnen sich bei Kindern die Ohren? Und warum geschieht das nicht sinnvollerweise, bevor sie sprechen können?

»Nein, das ist kein Wolfsfell«, ändert die Mutter unwillkürlich ihre Taktik. Wenn Kinder in einem fort angelogen werden, braucht sich keiner zu wundern, dass ihnen von klein auf jegliche Orientierung fehlt. Sie wenden sich Sekten zu, werden rechtsradikal oder, schmerzhafter Querschnitt durch die fatalsten Irrwege, fahren bis an ihr Lebensende Taxi. Ich weiß, wovon ich spreche.

»Warum ist das kein Wolfsfell? Ist doch grau!«

Sollten sich die Ohren um eine Winzigkeit geöffnet haben, oder ist der scheinbare Bezug auf tatsächlich Gesagtes reiner Zufall?

»Das Fell ist ganz weich«, zupft Mama jetzt ebenfalls an meiner Unterlage, »und das Fell von einem Wolf ist ganz hart. Guck mal, wie weich das Fell ist!«

»Habt ihr schon mal einen Wolf gestreichelt?«

»Nein«, mischt sich Papa ein, »das ist viel zu gefährlich.«

Intuitiv spüre ich, dass es allerhöchste Zeit wird, einzugreifen. Die Eltern lassen wirklich keinen Kardinalfehler aus: die sinnlose Lüge aus Bequemlichkeit; der schiere Schwachsinn, weil man denkt, man brauche das Kind nicht ernst zu nehmen; das archaische Schauermärchen, um ihm Angst zu machen, die unbefangene Freude an der Natur zu rauben, am lebendigen Fleisch und somit am eigenen Körper, ja, sprechen wir es ruhig aus: an der friedvollen Masturbation. Pädagogisch betrachtet ist die Sache längst aus dem Ruder gelaufen. Mal sehen, was da noch zu retten ist.

»Das ist ein Rattenfell«, verkünde ich.

»Oh, guck mal«, staunt die Mama, »das ist gar kein Wolf, das ist eine Ratte.«

»Natürlich nicht eine Ratte«, wende ich mich an das Kind, »ganz viele Ratten, Hunderte von Ratten. Eine einzige Ratte wäre doch viel zu klein für so ein großes Fell. Es ist eine elende Schande, wie schauderhaft dumm deine Mutter ist!«

»Ist das ein Rattenfell?«

»Ja, ein Rattenfell. Das habe ich aus allen Ratten gemacht, die ich überfahren habe. Deshalb wird das Fell jeden Tag größer. Es handelt sich quasi um einen dokumentierten Leistungsnachweis!«

»Wofür ist das Rattenfell?«, zupft mich das Kind am Ärmel. Wie neugierig es doch ist: Jammerschade, dass es ständig nur belogen wird!

Ich beschließe, das zu ändern und ihm als erstem Menschen die wahre Bestimmung meines Fells zu verraten: »Da schmiert der Onkel Taxifahrer immer sein Ohrenschmalz rein.«

»Was erzählen Sie denn da?«, entrüstet sich der Papa.

»Mit Ihnen habe ich nicht geredet. Vielleicht fangen Sie besser einmal damit an, Ihr Kind als eigenständige Persönlichkeit zu respektieren, anstatt es systematisch zu verscheißern. Also«, wende ich mich wieder dem Kind zu, das freudig erregt auf dem schwarzen Kunstleder hin und her rutscht, »der Onkel Taxifahrer muss immer ganz lange an den Taxihaltestellen warten, bis endlich mal ein Fahrgast, wie zum Beispiel dein Papa, einsteigt. Was aber macht der Onkel Taxifahrer, während er sich die ganze lange Zeit in Geduld übt? Wenn er alle Zeitungen ausgelesen hat, ist ihm fürchterlich langweilig. Er könnte onanieren, Rauschgiftzigaretten rauchen oder Bier trinken, aber davon wird er zu müde, und er muss doch arbeiten. Also säubert er stattdessen gründlich alle Körperöffnungen, weil er tagsüber nicht dazu kommt, weil er da doch schlafen muss. Er nimmt also ...«

»Jetzt hören Sie aber bitte auf!«, schimpft die Mutter.

»Bin gleich fertig!«, rufe ich ihr zu. »Also, er nimmt den linken kleinen Finger und steckt ihn tief ins linke Ohr. Dann nimmt er den rechten kleinen Finger und steckt ihn tief ins rechte Ohr. Dann dreht er unter sanftem Druck die Finger einmal ganz herum, im linken Ohr folglich vom Kopf aus gesehen im Uhrzeigersinn und im rechten Ohr gegen den Uhrzeigersinn. Guck mal, so«, demonstriere ich ihm den Vorgang, denn die Servolenkung lenkt sich sehr gut mit den Knien, »... und schwups hängen die Ohrenpopel sauber an den Fingerspitzen ...«

»Halten Sie sofort an!«, fordert der Papa.

»Gleich bin ich fertig. Ja, und was macht der Onkel Taxifahrer dann damit? Er schmiert sie – guck, so – ganz einfach in sein schönes Rattenfell, damit der Tagfahrer nichts merkt. Würde er sie ans Lenkrad kleben, wäre dann nämlich am nächsten Morgen der Onkel Tagfahrer ganz traurig. Aber so ist alles hübsch in Ordnung!«

Im Taxi kehrt wieder Ruhe ein. Die langen Gesichter der Erwachsenen lassen mich daran zweifeln, dass sie meine Ausführungen auch wirklich verstanden haben. Am unteren Ende des Innenspiegels erkenne ich gerade noch zwei Fingerchen, die sich in zwei kleine Ohren bohren.

Was Vernünftiges

»Und – was machen Sie sonst so?«, fragt der Fahrgast, kurz nachdem er bei mir eingestiegen ist und sein Fahrtziel genannt hat. Die Frage gehört zum Standardrepertoire meiner Kunden, oft kombiniert mit einem nachgeschobenen »Sie machen doch sicher noch was anderes, was Vernünftiges?« Der Subtext lautet: Sie sind doch bestimmt Student, Sie haben doch 'ne Brille, so doof sehen Sie doch eigentlich gar nicht aus.

Allein die Tatsache, dass ich hinter dem Lenkrad eines Taxis sitze, scheint selbst an sich gebildeten Leuten als Freibrief zu dienen, einen wildfremden Mann über sein Privatleben auszuquetschen. Warum fragt er nicht die Verkäuferin im Supermarkt: »Verkaufen Sie hier nur so Sachen, oder machen Sie auch noch was Ordentliches?« Er tut es nicht, weil ein korrekter Mensch einem anderen Menschen nicht direkt ins Gesicht schleudert, für wie minderwertig er dessen Beruf sowie sein gesamtes Dasein hält. Einem anderen Menschen tut er das nicht an, aber ich bin kein Mensch, ich bin Taxifahrer.

»Wieso sonst so?«, stelle ich mich dumm – schließlich weiß ich, was in ihm vorgeht. »Ich bin Taxifahrer. Das sehen Sie doch. Reicht das etwa nicht?«

Dabei gestehe ihm nur nicht das Recht zu, in meinem Leben herumzuschnüffeln – in einem Punkt bin ich jedoch exakt seiner Meinung: Ich mache nichts Vernünftiges. Eben weil ich denke, dass es nichts Vernünftiges ist, habe ich es mir ausgesucht. Weil mir jeder Gedanke an einen regulären Nine-to-five-Job Gänsehaut der Körnung 20 verpasst, gehe ich lieber einer Arbeit nach, die mich so wenig wie möglich an eine reguläre Arbeit erinnert, sondern eher an eine Mischung aus Jagd, Wegelagerei und Glücksspiel. Dass ich dabei am Ende tatsächlich für relativ wenig Geld eine relativ zeitaufwendige und rundum belastende Tätigkeit ausübe, habe ich selber erst viel zu spät begriffen. Denn so doof, da hat der Fahrgast recht, sehe ich zwar nicht aus – aber ich bin es. Die Erkenntnis macht mich oft depressiv. Jetzt zum Beispiel ist es wieder so weit.

»Ach, schon gut«, dämpfe ich die aufkeimende Peinlichkeit, »irgendwas muss man ja machen. Ist doch sowieso alles egal!«

»Haben Sie sonst gar nichts gelernt?« Fast tröstend im Tonfall klingt nun, was genau genommen eine Unverschämtheit ist. Ich stelle mir den Fahrgast im Alltag vor, wenn er denn dort konsequent wäre: »Nervt Sie denn Ihre Hautfarbe nicht? Sie sollten sich sehr teure Sachen zum Anziehen kaufen, das sähe gleich viel besser aus. Ja, stört es Sie gar nicht, homosexuell zu sein? Also, mich würde die Arbeitslosigkeit ja belasten. Warum sind Sie so hässlich? Ihr Dialekt gefällt mir nicht. Sind Sie gerne Alkoholiker? Und seit wann fehlen Ihnen die Zähne?«

»Nein, ich hab nichts gelernt. Wozu auch? Ich bin glücklich wie ein Stück Obst. Irgendwann werde ich sterben.«

»Irgendeine Ausbildung?«

»Nein. Zu dumm. Ich kann mir nichts merken. Außerdem bin ich faul. Ich will mir nichts merken.« Die Sache beginnt mir Spaß zu machen.

»Aber zu irgendwas müssen Sie doch mal Lust gehabt haben?«

»Ich hab noch nie zu irgendwas Lust gehabt. Sie machen mich sehr müde mit Ihren Fragen. Müde und traurig. Merken Sie nicht, dass Sie meine Seele fressen? Ach, was soll's – die ist eh schon tot. Fragen Sie ruhig weiter.«

»Sie sind ein eigenartiger Mensch.« In ihm brütet es sichtlich. »Schreiben Sie doch ein Buch.«

»Hab ich schon«, antworte ich wahrheitsgemäß.

»Das ist ja interessant!«

»Hat aber auch nichts geändert«, nehme ich ihm sofort wieder den Wind aus den Segeln.

»Was sagt denn Ihre Frau dazu?«

»Ich hab keine Frau. Zum Glück. Die würde das niemals aushalten. Und ich würde das auch nicht aushalten. Wir beide würden es nicht aushalten. Es wäre nur eine Frage der Zeit, bis es zu einer entsetzlichen Tragödie käme. Stellen Sie sich vor, Sie wachen auf und alles ist voller Blut: das Bett, das Schlafzimmer, die Wohnung, das Treppenhaus, die Straße, die Stadt, das Land ...«

»Irgendwelche Freunde?«, unterbricht er mich leise, desillusioniert, als klopfe er die letzte mögliche Option meines Menschseins nur noch rhetorisch ab.

»Taxifahrer haben keine Freunde«, gebe ich vergnügt zurück. In mir schwingt die gelöste Glückseligkeit dessen, der erkennt, dass er frei ist, weil es nichts mehr zu verlieren gibt.

»Aber jeder muss doch mal mit irgendeinem Menschen reden!«

»Dazu brauche ich keine Menschen, dafür habe ich ja Fahrgäste.«

71

Knüllsau

Typisch für meinen Beruf ist diese archaische Form der Entlohnung: Sobald ich mit einem Kunden fertig bin, nehme ich ihm dafür Geldscheine weg. Die Scheine stopfe ich mir in die Hosentasche, welche schnell prall und praller wird. So ähnlich wie neulich, um 20 Uhr 15 im rbb bei der Sendung: »Die Sammeltour des Borkenhamsters. Tierreport.«

Wenn gar nichts mehr reingeht, bringe ich das Geld zu Sabine und Susanne, den beiden Bankfrauen in der Hermannstraße. Sie wissen fast alles von mir.

»Tach, Herr Ulrich, wird wohl mal wieder Zeit für die Miete, was?«, fragt zum Beispiel Susanne.

»Tach, Frau Susanne«, nicke ich ihr zu. »Nee, Strom ist erst mal wichtiger.«

»Tach, Herr Ulrich«, begrüßt mich Sabine. »Sieht ja übel aus auf Ihrem Konto! Wohl ganz schön mau gerade das Geschäft, was?«

»Na ja, das Bankgeschäft ist momentan auch nicht der Brüller«, tröstet Susanne, bevor ich antworten kann.

»Ich habe Ihnen was mitgebracht«, sage ich.

»O nee, er nu schon wieder mit seinen zerknüllten Scheinen«, ruft Sabine mit gespieltem Entsetzen, denn erstens kennt sie das nun schon lange genug und zweitens gebe ich mein Geld sowieso lieber Susanne.

Vor allem im Sommer. Ich beuge mich dann immer weit über den Banktresen, um ihr meine zerknitterten

Lappen zu reichen: Daraufhin stößt sie sich mit ihren High Heels vom Schreibtisch ab und rollt auf dem Drehstuhl ein Stück nach hinten zu dem Kasten, in den das Geld geschmissen wird, wobei sie die Beine, die aus einem Hauch von Minirock ragen, ballerinenhaft spreizt. Die Beine sehen ziemlich klasse aus, wenngleich sie nicht mehr die Allerjüngste ist.

Heute ist es aber kalt, ein richtiger Schnattertag. Trotzdem bekommt Susanne mein Geld, und Sabine beobachtet neidisch, wie sie es in Empfang nimmt.

»Mannomann, sind die Scheine zerknüllt«, sagt Susanne wie immer, raschelt und zwickt hier ein Eckchen zurecht, zupft da ein Eselsöhrchen gerade und glättet dort einen Riss.

»Tjaha«, entschuldige ich mich.

»Also, die Scheine sind ja unheimlich zerknüllt. Ist ja ein übler Zustand«, wendet sie sich an ihre Kollegin. »Guck mal, Sabine, wie der die Scheine geknüllt hat!«

»Wahnsinn«, sagt Sabine, »die sind immer so zerknüllt bei dem, die Scheine. Eine Zumutung!«

»Aber echt!«, stimmt Susanne zu.

»Ganz schön zerknüllt, die Scheine, was?«, wirft der Filialleiter im Vorbeigehen ein.

»Mann, die sind so zerknüllt, ich weiß gar nicht, was ich machen soll«, jammert Susanne.

»So eine Knüllsau«, meint Sabine halblaut.

»Was?«, frage ich.

»Nichts«, wehrt sie ab und murmelt noch leiser: »Knüllsau!«

»Sie hat nicht Sie gemeint«, beschwichtigt Susanne, »aber gucken Sie sich doch mal die Scheine an: Die sind alle total zerknüllt! Was machen Sie denn immer damit?«

»Ich bin Räuber von Beruf«, rechtfertige ich mich. »Da steckt man die Scheine halt ständig so husch, husch ein. Daher auch die vielen Bareinzahlungen auf mein Konto …«

»Das ist ja interessant«, haucht Susanne, »darüber müssen Sie mir mehr erzählen, Herr Ulrich.« Sie stößt sich mit dem Stuhl ab, rollt nach hinten und wirft die Banknoten in den Kasten, in den das Geld geschmissen wird.

»Das geht so«, beginne ich bereitwillig, »ich stehe den ganzen Tag an der Straße …«

»Auch wenn's kalt ist? Man ist ja schließlich nicht mehr der Jüngste.«

»Gerade, wenn's kalt ist!! Und am liebsten an der Hermannstraße, da hab ich's nicht so weit nach Hause. Ich steh dann also da, mit meiner Schaufel über der Schulter. Regungslos. Stundenlang. Bis mich keiner mehr wahrnimmt, bis mich jeder für völlig ungefährlich hält. Wie ein Eisbär, der an einem Eisloch auf Beute lauert. Haben Sie neulich gesehen, auf rbb: ›Drama in der Arktis. Tierreport‹?«

»Nee!«

»Stimmt! Genau so! Nach Stunden, der Seehund denkt nichts Böses, fährt der Eisbär plötzlich die Schaufel raus und knallt ihm – zack! – einen über die Ömme. Dann zieht er dem Seehund rasch die Börse raus, knüllt sich die Scheine in die Hosentasche und verschwindet für 'ne Weile. Entweder nach Hause, das Blut von der Schaufel waschen, oder gleich zur Bank, zu Ihnen, liebe Frau Susanne, das Geld einzahlen.«

»Ist ja doll«, schwärmt sie bewundernd, »darf ich da mal mitkommen?«

Ich verspreche es ihr und muss mich dazu weit über den Tresen beugen.

»Wo gucken Sie denn schon wieder hin?«, fragt Susanne.

»Alte Knüllsau«, sagt Sabine.

Dreimal ist Bremer Recht

Den ganzen Tag hat es geschneit, und in der Nacht schneit es noch immer. Ich habe Familien zu Bescherungen gefahren und von dort abgeholt. Jetzt, gegen Schichtende um drei Uhr morgens, wartet nur noch das arbeitende Personal auf mich, um ebenfalls nach Hause gebracht zu werden: Taxikollegen, Tresenkräfte, Nutten und, vor einer Cocktailbar winkend, der Weihnachtsmann.

Er riecht nach Alkohol und Döner Kebap mit viel Zwiebeln und Knoblauch. Ansonsten wirkt er noch recht frisch, so dass ich schon überrascht bin, als er mich in der Wilhelmstraße bittet, anzuhalten, damit er seinen Mageninhalt der geschlossenen Schneedecke anvertrauen könne. Das sei wohl ein Cocktail zu viel gewesen, informiert er mich danach in sachlichem Tonfall. Ich hege ja eher den Verdacht, dass erst die üble Mischung im Magen den Mojito- zum Molotow-Cocktail werden ließ. Es ist abzusehen, dass der nächste Übergabetermin nicht lange auf sich warten lässt.

Und in der Tat, kurze Zeit später ist es so weit: Der unpässliche Schenker lässt mich durch krampfhaftes Pressen der Hand vor den Mund sowie das Erzeugen lustig glucksender Geräusche wissen, dass er ein zweites Mal zu halten begehrt. Dabei zeigt er sich auch noch wählerisch: »Hier noch nicht«, gurgelt er zwischen den geschlossenen Fingern hervor, als ich in der Leipziger

Straße halte. Also stoppe ich erst hinter der Kreuzung und schalte die Warnblinkanlage ein. Er öffnet die Tür, beugt sich hinaus und reihert röhrend auf die solchermaßen geadelte Magistrale. Über den Standortvorteil dieser Kotzstelle bin ich mir nicht recht im Klaren – der Unterschied ist allenfalls, dass es hier im Gegensatz zur vorigen Ecke dunkel ist, es keine Bushaltestelle gibt und nicht zwanzig Leute um uns herumstehen. Trotz seiner exponierten Tätigkeit scheint der Weihnachtsmann kein passionierter Entertainer zu sein, oder aber er fühlt sich heute Morgen einfach nicht in Form.

»Dreimal ist Bremer Recht«, verkünde ich, als wir endlich weiterfahren, in einer doppeldeutigen Anspielung auf die drei Rechte: Münzrecht, Stadtrecht und Marktrecht. Meine Wissensperlen kann ich mir schenken – genauso gut hätte ich sagen können: »Der Notspei ist der ICE der Essensverwertung, die teuerste und schnellste Rückfahrkarte.« Der Weihnachtsmann guckt bloß schief aus der Wäsche, wischt sich Schleim aus dem Mundwinkel und stinkt.

»Also meiner Erfahrung nach muss man fast immer dreimal kotzen, und dann ist alles wieder gut«, erläutere ich ihm meine Theorie näher. Einmal stünde dann ja noch aus, und angesichts des durch das Auto wabernden Aromas, das nun langsam auch bei mir eine gewisse Übelkeit erregt, frage ich mich bang, ob es auch als drittes Mal zählen würde, wenn ich seinen beiden Häufchen ein eigenes aus Apfel, Nuss- und Mandelkern hinzufügte.

Das dritte Brechbegehren ereilt seine Exzellenz am Alexanderplatz auf der zehnspurigen Grunerstraße. Der Anblick eines Taxis, das warnblinkend auf der dritten Linksabbiegerspur steht und aus dem sich hinten, wie hilfesuchend, ein dicker Mann beugt und anatolische Spezialitäten erbricht, vermag die überwiegende Zahl der im letzten Moment ausweichenden nachfolgenden Verkehrsteilnehmer sichtlich zu erheitern.

Entgegen meiner Hoffnung, dass die Sache mit diesem dritten Mal gegessen sei, setzt der Weihnachtsmann an der Schönhauser Allee sein viertes Häufchen in den Schnee – eine schöne Bescherung! Die optische Analyse des Endprodukts legt im Übrigen nahe, dass über die bereits geschilderten Ingredienzien hinaus noch mindestens Glühwein, Spekulatius und Krakauer Bratwurst an dieser wahrhaft unheiligen Allianz im Magen des heiligen Mannes beteiligt sind.

In der Pappelallee göbelt der Weihnachtsmann zum fünften Mal – es läuft mittlerweile weitaus flüssiger. Wir sind inzwischen ein eingespieltes Team: Gurgeln, rechts ranfahren, Tür öffnen, entladen – ein fließender, perfekt durchchoreographierter Mechanismus. *Schnapsleichen pflastern seinen Weg*, denke ich an die schönen, inzwischen gewiss schon angefrorenen Bescherungen in unserem Rücken: Wilhelmstraße – Münzrecht; Leipziger Straße – Stadtrecht; Grunerstraße – Marktrecht. Und danach? Danach nur noch Erbrecht. Sollte uns jemand verfolgen, braucht dieser Jemand keine Spürhunde. Auch kann man die buntschillernden Häufchen bestimmt schon von weitem im Schnee leuchten sehen. An der Ecke Stahlheimer und Wisbyer Straße steigt der Weihnachtsmann endlich aus, schleppt sich durch eine Schneewehe und verschwindet schwankend in einem dieser Hitlerbauten.

Besinnlich blicke ich ihm nach: Weihnachten, das Fest der Liebe und der Leber, hält seine Schergen streng im Griff und sendet ihnen doch zur rechten Zeit den rettenden Engel! Der Engel bin ich.

Geld oder Leben

»Ein Raubüberfall«, staune ich, als ich an der brodelnden Tauentzienstraße auf dem Busstreifen stehe und meinem eigenen Taxi hinterherblicke, das sich zügig entfernt. »Jetzt ist es also tatsächlich passiert: ein richtiger Raubüberfall!«

Beinahe stolz setze ich das letzte Häkchen an die hinterste Spalte auf der imaginären Liste der brancheneigenen Zumutungen. Seit heute habe ich nun das lang ersehnte Prunkstück in meiner Sammlung: Meine Droschke wurde entwendet und mit ihr meine bisherigen Tageseinnahmen! Endlich bin ich ein richtiger Taxifahrer!

Umso erstaunter reagiere ich, als ich eine Stunde später bei der Kripo in der Keithstraße ungläubig gefragt werde: »Was sind Sie denn für ein Taxifahrer?«

Wie meint er das bloß? Ich bin ein mit allen Wassern gewaschener Kutscher. Immerhin bin ich soeben überfallen worden.

Kopfschüttelnd tippt der schnauzbärtige Kommissar weiter an seinem Protokoll, stellt Fragen, hakt nach. Ich versuche, mich haargenau an alles zu erinnern.

Der Arbeitstag fängt ganz gewöhnlich an. Um vier Uhr nachmittags beginne ich in Kreuzberg meine Schicht. In den Straßen ist es ruhig, die Halteplätze sind übervoll. Ich fahre gleich weiter Richtung City-West.

In der Nähe eines Hotels in Schöneberg winkt ein Anzugträger mit Aktentasche. Als ich den Akzent höre, in dem er sein angebliches Fahrtziel in Wilmersdorf angibt, werde ich auf der Stelle misstrauisch: Ein Ausländer!

Das ist gar nicht gut, wenn man den meisten Kollegen glauben darf, und natürlich glaube ich ihnen: Ausländer sind grundböse. Für einen Ausländer ist ein Taxi nichts als ein fahrendes Sparschwein und der Fahrer darin ein lästiges Hindernis, das man zertrümmern muss, um an die Groschen zu kommen. Selbst die ausländischen Kollegen schimpfen auf die Ausländer, und die müssen es nun wirklich wissen. »Guck mich«, sagte mal ein Türke, der mich eines Morgens nach Hause fuhr, und schimpfte in einem fort auf sich selbst. »Ich bin faul, nehme mir Arbeitsplatz weg, mein Freund, nehme dir Arbeitsplatz weg …« Er schrie sich regelrecht in Rage – ich musste ihm in den Arm fallen, als er anfing, sich in voller Fahrt die Faust ins eigene Gesicht zu dreschen.

Und genau so einen alleine schon genetisch gewalttätigen Ausländer habe ich Ärmster nun im Taxi. Ich bin aufs äußerste alarmiert. Ich verlangsame nahezu auf Schritttempo. Meine Augen wollen nicht mehr vom Innenspiegel weichen.

Was ich dort sehe, verheißt nichts Gutes: Der Verbrecher tut so, als blättere er seelenruhig in seinen Unterlagen. Ich weiß, was das bedeutet. Zahlreiche Schilderungen von überfallenen Kollegen – an der Taxihalte, vorm Imbiss, im »Kutscher-Kurier« – bestätigen stets dasselbe: Die Täter, in aller Regel Ausländer, verhalten sich unauffällig, verwickeln den Fahrer freundlich in nichtssagende Gespräche oder beschäftigen sich zum Schein mit harmlosen Verrichtungen. Zum typischen Tatbild gehört weiterhin der wiederholte Wunsch nach Änderung des Fahrtziels.

»Ach, könnten wir bitte vielleicht doch lieber zum KaDeWe fahren?«, ertönt es in diesem Moment von hinten. »Ich muss meiner Frau noch was zum Geburtstag besorgen. Ich nehme dann später ein anderes Taxi – tut mir leid!«

Fast trifft mich der Schlag. Wie sicher er sich fühlen muss, mir so eine armselige Legende aufzutischen: »Seine Frau … zum Geburtstag … ein anderes Taxi«. O Gott, den armen Kollegen bringt er dann auch noch um und legt eine blutige Spur bis nach Wilmersdorf!

Mit einer geringen Verrenkung kann ich im Innenspiegel zusätzlich mein eigenes Gesicht erkennen. Es ist kreideweiß. Einerseits war mir ja klar, dass diese Situation, vor der ich mich immer gefürchtet habe, eines Tages zwangsläufig eintreffen musste. Andererseits ist sie nun doch ganz anders, als ich sie mir auszumalen versucht hatte, noch weit schrecklicher in ihrer ganzen wahrhaftigen Wucht.

Jetzt ist es so weit.

Mein Schädel fühlt sich unwirklich und leer an, das Hirn wie weggeblasen, ein wie zum Selbstschutz der Ohnmacht nahes, pelzigtaubes Gefühl der Nichtexistenz. Mein Herz dagegen rutscht derart tief in die Hose, dass es nun erstmals auch körperlich eine Einheit mit dem Genitaltrakt bildet.

»Ja«, höre ich mich ängstlich quieken. Die Antwort ist nur ein Reflex, der mir Zeit bringt. Langsam fließt das Blut in den Kopf zurück. Wenn es mir gelingt, die

Ruhe zu bewahren, habe ich vielleicht noch eine winzig kleine Chance. Ich muss ihn irgendwie unmerklich irritieren und so von seinem Plan abbringen. Doch er darf auf keinen Fall Verdacht schöpfen, da lasse ich mich auch nicht durch sein Schwyzerdütsch täuschen. Im Schutze ebendieses gemütlich wirkenden Akzents würde er mir im Nu ein riesiges Messer durch den Sitz hindurch direkt in den Rücken rammen.

»Ich weiß nicht, wo das KaDeWe ist«, behaupte ich, um weiter Zeit zu gewinnen.

Er durchschaut mich sofort. »Ich beschreib Ihnen den Weg«, sagt er mit einer Geduld, die verrät, dass ihm Fahrtzeit und -ziel im Grunde egal sind, schließlich will er mein Geld und mein Leben. »Fahren Sie einfach da vorne rechts!«

An der nächsten Kreuzung biege ich links ab.

»›Rechts‹ habe ich gesagt.«

»Ich kann links und rechts so schlecht unterscheiden«, wimmere ich furchtsam.

»Was sind Sie denn für ein Taxifahrer?« In seiner Stimme schwingt nun doch Ärger mit. Ungewollt habe ich sein wahres Ich enttarnt: eine hochaggressive, schwerkriminelle Bestie.

Wie ein Lamm folge ich nunmehr den Anweisungen des Schlachters. Vor meinem inneren Auge sehe ich am Wagenheck ein selbstgemaltes Schild mit einem großen »L« wie »Lamm« hängen. Von weitem ist bereits das KaDeWe zu erkennen. Unaufhaltsam treiben wir dem Punkt der Entscheidung entgegen: dem Wittenbergplatz – kein schöner Ort zum Sterben.

»Halten Sie bitte hier.«

»Nein.«

»Halten Sie an!«

Ich halte. Vor Panik bin ich schier außer mir. Was für ein kaltblütiger Mörder er ist: Am helllichten Tag direkt vor dem KaDeWe im Angesicht Tausender von Zeugen. »Bitte tun sie mir nichts«, winsele ich und fange im nächsten Moment – ich kann gar nicht anders – unbändig an zu kreischen: »O bitte, bitte, um Gottes willen, töten Sie mich nicht, töten Sie mich nicht!!«

»Was reden Sie denn da? Ich tue Ihnen doch gar nichts.«

Noch immer versucht er, mich einzulullen. Bis zuletzt, wie es die Kollegen beschrieben haben. Ich halte die Spannung endgültig nicht mehr aus und ziehe, das allerletzte Mittel, aus der Innentasche meiner Lederweste einen scharfgemachten Gasrevolver. Den hat mir mal eines Nachts vor Jahren ein Fahrgast verkauft, der laut eigener Auskunft nach längerem Gefängnisaufenthalt Startkapital benötigte. In einer dunklen Neuköllner Toreinfahrt hatte er mir zuerst ein Messer gezeigt und dann die Pistole, doch bevor ich mich entscheiden konnte, war er merkwürdigerweise mit dem Messer sowie den gesamten Schichteinnahmen verschwunden. Eine sehr teure Waffe also, doch in diesem Moment rettet sie mir wohl das Leben.

»Nehmen Sie mein Geld, nehmen Sie mein Auto«, fuchtele ich mit der Knarre dem Ausländer vor der Nase herum, »aber lassen Sie mich am Leben!«

»Sie sind ja vollkommen wahnsinnig«, ächzt er, doch in meiner Lage wäre es gefährlich falscher Stolz, auf seine Beleidigungen einzugehen. Stattdessen nutze ich seine Verblüffung darüber, dass ich mich offenbar nicht wehrlos abschlachten lasse, und springe aus dem Auto. »Hilfe, Hilfe«, schreie ich. Die ersten Passanten drehen sich um. Ich gebe zwei Schüsse in die Luft ab, um den Revolver anschließend wieder auf den Ganoven zu richten: »Nehmen Sie das Taxi«, flehe ich ihn an, »lassen Sie mich endlich in Frieden! Hauen Sie ab!«

Erst auf der Wache fühle ich mich wieder sicher. Man kümmert sich um mich, ich bekomme sogar einen Kaffee. Nur diese seltsame Frage, was ich denn für ein Taxifahrer sei, geht mir auf die Nerven. Bei der Vernehmung lasse ich ein paar Details weg, andere verändere ich so, dass ich noch mutiger dastehe, als ich ohnehin schon war. Das sieht im Polizeibericht besser aus, und den Räuber kriegen sie sowieso nicht. Das war nämlich ein Profi, das habe ich gleich gespürt.

Mich könnt ihr nicht täuschen!

Es ist die erste richtig eisige Nacht des Jahres: Ein Wetterchen wie zu Eisbärs Geburtstag, denke ich staunend, als in der menschenleeren Nebenstraße plötzlich eine dunkel gekleidete Frau zwischen den parkenden Autos hervorschießt und den rechten Arm zackig nach oben reißt.

Ich halte, sie öffnet die Tür meines Taxis und faltet sich auf den Rücksitz. Kurz darauf trottet das dazugehörige langsamere Männchen herbei und setzt sich neben sie – es kann losgehen.

»Das sah ja eben aus wie ein Hitlergruß«, kommentiere ich leutselig.

Die Frau wirkt entrüstet: Nein, das sei keiner gewesen. Also wirklich nicht. Wie ich denn darauf käme? Das dürfe ich nicht denken, auf keinen Fall dürfe ich das denken!

Was ich denken darf, überlege ich bei mir, bestimme auf Grundlage des derzeit zumindest in diesem Lande vorherrschenden politischen Systems ja wohl immer noch ich selber. Dennoch schweige ich aus taktischen Gründen, um zu beobachten, wie sich die Frau in immer tiefere Widersprüche verstrickt.

»Also nein, also nein«, verstärkt sich nun in der Tat das Gemaule. Fast schon außer sich besteht sie vehement darauf, dass es kein Hitlergruß gewesen sei. Allein durch diese Vehemenz muss sie ja bei jedem halbwegs intelligenten Menschen Verdacht erwecken.

Wäre es kein Hitlergruß gewesen, könnte sie doch souverän über meine Bemerkung hinweggehen. Dabei habe ich ja durchaus Verständnis dafür, dass sie sich schämt: Sie sind ein augenscheinlich wohlhabendes Paar, und speziell Großbürger und Industrielle profitierten damals, sofern sie nicht jüdischer Herkunft waren, von den Verbrechen der Nationalsozialisten mit am meisten. Auf der anderen Seite, seien wir ehrlich, kann man diese Schuld weder kompensieren noch verdrängen, indem man in einer idiotischen Gegenreaktion ständig den rechten Arm hebt! Sollte das nun eine typische Übersprunghandlung gewesen sein, oder handelt es sich bei meinen Fahrgästen doch tatsächlich um Nazis in buchstäblich neuem Gewande?

»Also nein«, verzettelt sich die Dame immer mehr, anstatt endlich die Klappe zu halten, um nicht alles noch schlimmer zu machen. »Was wäre denn das gewesen, wenn Ihnen stattdessen beispielsweise eine Frau im Minirock gewinkt und dabei den Daumen nach oben gehalten hätte?«

Ist aber nicht gewesen – und überhaupt, was heißt hier »gewinkt«? Mit was für infamen Ablenkungsmanövern die mutmaßliche Rechtsradikale versucht, ihren Kopf aus der selbstgeknüpften Schlinge zu ziehen!

»Also, was wäre das gewesen?«, fragt die Frau aufgebracht. Meine Güte, denke ich, ich wollte ihr doch nur einen Gefallen tun! Ich dachte, dass es sie vielleicht interessiert, wie sie in dem Moment ausgesehen hat. Viele Leute freuen sich und sind dankbar, wenn man sie dezent darauf hinweist, dass sie zum Beispiel Knoblauchsoße im Mundwinkel haben oder Senf an der Nase. Offensichtlich will meine Kundin das nicht wissen. Was aber immer noch kein Grund ist, hier stundenlang Theater zu machen! Schließlich hätte ich, so wie der Fall lag, genauso gut die Polizei rufen können, vielleicht sogar müssen, sinniere ich mit stetig steigendem Unwillen.

»Also, was wäre das gewesen?«, beharrt sie, und so beschließe ich, mein Schweigen zu brechen.

»Erstens ist es draußen viel zu kalt für einen Minirock«, antworte ich seelenruhig, »und zweitens habe ich keine Ahnung, was das eine um Gottes willen mit dem anderen zu tun haben soll. Aber wenn Sie denn unbedingt einen Zusammenhang konstruieren wollen«, führe ich weiter aus, »dann hätte ich die besagte Lady sicher für eine reiche Truse gehalten, die sich ohne Rücksicht auf Erfrierungen verkleidet hat, um unerkannt Symbole verfassungsfeindlicher Organisationen verwenden zu können, dabei jedoch sogar zu blöd für einen korrekten Hitlergruß ist.«

Die Antwort scheint die Dame zufriedenzustellen, in jedem Fall ist sie jetzt still. Kurz darauf kommen wir am Fahrtziel an, und der Mann, der die ganze Zeit über nichts gesagt hat, bezahlt. Obwohl er zum Abschied den Arm unten lässt, verrät auch er mir unabsichtlich seine fragwürdige Gesinnung: Er gibt nämlich kein Trinkgeld.

Willkommen im Club!

»Nanu, kennen wir uns, junge Frau?«

Aber nein, wir kennen uns nicht. Doch die Frage, die ich mir ohnehin nur selber stelle, ist durchaus angebracht, angesichts ihres freizügig entblößten Unterleibs. Befremdlich wirkt auch der Ort der Intimität: die belebte Brücke an der S-Bahn-Station Warschauer Straße – im Bermudadreieck zahlreicher Clubs zwischen Kreuzberg, Mitte und Friedrichshain. Die Uhrzeit passt da schon eher, sie ist fast eine Erklärung: Es ist Sonntagmorgen, elf Uhr.

In unsicherem Eilschritt nähert sie sich meinem Taxi. Ein Stolpern über den Hosenschlag bringt sie immerhin dazu, sich die Hose wenigstens ein Stückchen hochzuziehen. Die war mir schon von hinten aufgefallen: ein dreiviertelnackter Hintern in einem Kleidungsstück, das seine ursprüngliche Funktion drastisch konterkariert. Was ist eigentlich mit der Unterhose? Die liegt wahrscheinlich noch auf der Toilette des *Watergate*. Ungewollte Lächerlichkeit der Erotik oder ungewollte Erotik der Lächerlichkeit? Philosophen mögen darüber streiten – ich muss hier arbeiten.

Trotz ihres zeitigen Winkens bin ich weit an ihr vorbeigefahren. Aber nur vor Müdigkeit, und nicht, um nach der Arschfurche noch ihr Kätzchen zu besichtigen. Schließlich hätte ich niemals damit gerechnet, dass die Hose im Laufen noch tiefer rutschten könnte.

»Hallo!« Sie öffnet die hintere Tür. »Mein Freund kommt gleich!«

Tatsächlich bemerke ich nun auch den jungen Mann, der sich aus der mit Scherben übersäten Gosse rappelt und Glassplitter aus dem schütteren Schamhaar klopft. Dann zieht auch er die viel zu tief sitzenden Baggy Pants hoch. Mit einem Ächzen schiebt er sich neben die bereits hinter mir ins Taxi gekrabbelte Clubgängerin.

Ein Blick in die verstrahlten Gesichter nimmt mir die Sorge, sie könnten merken, dass auch ich nicht mehr ganz nüchtern bin. Meine Sonnenbrille kämpft gegen die kräftige junge Sommersonne. Es ist selten, dass ich um diese Zeit noch arbeite. Doch auf dem Heimweg vom Feierabendbier bekam ich plötzlich Lust auf einen kleinen Kontrollschlenker um die Clubs. Auf einmal winkten hier und dort noch Leute, und jedes Mal hatte ich instinktiv angehalten und sie aufgenommen.

»In die Dunckerstraße, bitte«, sagt die Frau. Sie wendet sich an ihren Begleiter, der in eine seltsame Starre gefallen ist. »Vielleicht hat der ›Duncker‹ noch auf.«

»Okay.« Ich setze den linken Blinker. »Könnt ihr euch bitte anschnallen?«

»Starten wir schon?«, murmelt es von rechts hinter mir. »Ich find mein Handy nicht. Scheiße, ich muss mein Handy ausmachen.« Die Starre löst sich. Fahrig wühlt der Clubgänger in den Jackentaschen. Da die Suche nicht innerhalb von Sekunden durch einen Zufallsfund gekrönt wird, switcht das Programm im offenbar chemieverseuchten Hirn sofort auf den ebenfalls gestörten Nachbarsender: »Einen Kaffee bitte *und* einen Orangensaft!«

»Oh, ja«, summt seine Freundin verträumt, »ich auch. Und drei Stück Zucker.«

Mist! Sie hatte ich noch für vergleichsweise ansprechbar gehalten. Das verheißt nichts Gutes!

»Wo sind wir?« Der Typ starrt aus dem Fenster. Allerdings Richtung Fahrbahn, wie ich aus dem Augenwinkel registriere. »Ich seh da unten bloß dunkelgrauen Nebel.« Den Orangensaft hat er zum Glück vergessen.

»Frankfurter Tor.«

»Frankfurt?« Er scheint zu überlegen. Wie prüfend betastet er die Freundin neben sich – fast wirkt es, als sei er blind. »Du? Frankfurt? Ich check nichts. Was geht da ab? Was läuft da? After Hour oder wie? Weißt du das noch?«

Anstelle einer Antwort lächelt sie selig. Liegt wohl an den weichgespülten Synapsen. Dann aber sehe ich im Innenspiegel die Hand des Kerls genau dort fingerfertig spielen, wo zuvor auf der Brücke mein erstauntes Auge ruhte. Ja, geht's denn noch, Herrschaften? Ich will hier ja keinen auf Sittenpapst machen, aber was zu weit geht … Hoppla!

Ich bremse scharf. Um ein Haar wäre ich auf den Vordermann gerumst. Panisch schieben sich vier Hände unter zwei Vordersitze: Wo sind die Schwimmwesten?

»Darf man fragen, was ihr eingeworfen habt?«

Aufgeregt flüstern sie miteinander. Ich glaube, die Antwort interessiert sie selbst mehr als mich. Doch die liegt weit weg, in einem kleinen Chemielabor am Stadtrand von Warschau.

Wir sind mittlerweile in der Danziger Straße, Höhe Ernst-Thälmann-Park. Ich ergreife das Mikro und spreche hinein, ohne den Knopf zu betätigen: »Meine

Damen und Herren, wir verlassen jetzt unsere Reise-
flughöhe und werden in wenigen Minuten in der
Dunckerstraße landen. Das Wetter am Zielort ist son-
nig. Uns erwarten milde 22 Grad und ein schwacher
Wind aus Südost.« Die Ansage hat geschäftiges Ge-
klapper und Geraschel zur Folge.

Nachdem ich sie am »Dunckerclub« abgesetzt habe,
bleibe ich zunächst reglos im Wagen sitzen. Ich bin so
müde! Einer Eingebung folgend, begebe ich mich endlich zur Eingangstür: Mal gucken, was die Stewardessen machen.

Eistee für unsere Taxifahrer

In der Vorhalle des »Hotel Esplanade« stehen auf einem Tischchen neben dem Taxistand ein großer Kübel und Plastikbecher. Daneben ein Schild: »Eistee für unsere Taxifahrer.« Wegen der freundlichen und sinnvollen Geste sehe ich über den semantischen Lapsus hinweg, der mich zum Leibeigenen des »Esplanade« abstempelt. Vielmehr fühle ich mich an meine Mutter erinnert, wie sie den Igeln abends ein Schälchen Milch vor die Terrassentür stellt.

Hinter einem Pfeiler lege ich mich auf die Lauer und muss nicht lange warten: Vorsichtig rollt eine Taxe heran und hält neben dem Bottich. Langsam steigt der dicke Fahrer aus, stutzt zuerst und beäugt dann misstrauisch das Schild. Was für ein stattlicher Bursche! Steil hebt er das Schnuppernäschen in die Luft, versucht nach allen Seiten Witterung aufzunehmen. Eine Falle? Muss er in Kürze wie so viele seiner Artgenossen zerquetscht den schadhaften Straßenbelag ersetzen?

Schließlich siegt dann doch die Gier über die Vorsicht, und ungestüm macht sich der putzige Gesell über das leckere Getränk her. Wie er grunzt und schmatzt, der kleine Racker! Wie es ihm schmeckt! Scheppernd stößt er am Ende den Topf um, um auch das letzte Tröpfchen herauszuschlecken. Nichts gönnt er seinen stachligen Kollegen, die sicherlich bald kommen müssen.

So – nun hat er sich genug gestärkt für den langen Taxihaltenschlaf. Zufrieden rollt er sich in seiner Droschke zusammen und schlummert auf der Stelle ein.

Geld ist nicht wichtig

An einem heißen Sommertag werde ich am frühen abend zum Kiehlufer gerufen. Vor der angegebenen Adresse steht eine türkische Mutter mit Kind. »Warten Sie bitte«, weist mich die Frau an, »es ist gleich so weit, die arme alte Dame muss unbedingt nach Hause.«

Sie begibt sich zum Hauseingang, wo ich nun eine deutsche Frau in Kittelschürze wahrnehme. Mit einer Plastiktüte in der Hand kauert sie auf den Treppenstufen. Kurz bin ich gerührt: Das ist ja nett, dass sie sich hier um eine völlig fremde Omi kümmert, die mutmaßlich einen hitzebedingten Schwächeanfall erlitten hat. So viel Verantwortung für den Nächsten wünscht man sich öfter. Gemeinsam mit ihrem Jungen zieht und zerrt die Türkin an der Alten, richtet sie schließlich mühsam auf und geleitet sie stützend zu meinem Taxi. Dabei hält sie den Kopf von der Wankenden abgewandt und versucht sichtlich flach zu atmen.

Der Grund erschließt sich mir schnell, als ich mit anpacke, um in einem langwierigen Rangierprozess die offenkundig völlig Besoffene mitsamt ihrer Tüte auf den Rücksitz zu bugsieren: Sie stinkt bestialisch, sie lallt, ächzt und jammert. Ihre Helferin nennt mir eine Adresse in Tempelhof. Woher sie die weiß, ist mir schleierhaft.

»Was ist mit dem Geld?«, frage ich aus dem Autofenster und weiß doch im Grunde längst, was mit dem

Geld ist: Essig. Erwartungsgemäß ernte ich ein Achselzucken, bevor Mutter und Kind uns den Rücken zuwenden und zum Haus zurückmarschieren. Sie haben ihre Schuldigkeit getan.

Von wegen Schuldigkeit. Beim Losfahren knirsche ich wie ohnmächtig mit den Zähnen. Von wegen arme alte Dame: ein vollgelaufenes Wrack in meinem Trockendock. Von wegen Verantwortung: Die habe ich jetzt ganz allein. Von wegen nett: Sie haben mir diese Patientin aufgehalst. Und für die habe ich eine Dreiviertelstunde an der Halte Hertzbergplatz gestanden, bin hierhergefahren, habe eine weitere Viertelstunde sinnlos vergeudet, verpeste mir das Auto – und der ganze Spaß dann aller Voraussicht nach für lau. Schönen Dank auch! Warum haben die Arschgeigen nicht die Notfallrettung angerufen? Oder die Polizei? Meinetwegen auch die Müllabfuhr …

»Haben Sie Kohle?«, frage ich über die Schulter nach hinten, um wenigstens pro forma nichts unversucht zu lassen. Anstelle einer Antwort jammert, lallt und ächzt die faule Kundin. Mein Gott, wie die stinkt! Warum kann sie nicht wie andere Kittelschürzenomas zu Hause sitzen und aus dem Fenster gucken, bis das Enkelkind kommt, um den frischgebackenen Apfelkuchen zu probieren? Überall weiße Häkeldeckchen, der Dackel dick, an der Wand der Opa in Uniform – Krieg heil –, im Schrank der Likör. Im Schrank, nicht literweise in der Oma!

Als wir vor dem Tempelhofer Bürgerhaus ankommen, lüftet sich schließlich das Geheimnis um die scheinbar leere Plastiktüte, die die Alte noch immer krampfhaft umklammert hält. Aus einem kleinen Loch am unteren Ende tritt eine fast durchsichtige stinkende

Flüssigkeit: Sie fährt doch tatsächlich ihr Erbrochenes in einer Tüte spazieren! Warum tut sie das?

In diesem Moment bricht sich vor uns das Sonnenlicht grüngolden in den Ausläufern einer Lindenkrone und schickt die so wundersam reinigenden Strahlen durch meine schmutzige Windschutzscheibe. Auf einmal ist alles schön. Die alte Frau. Der Kittel. Kein Geld. Die Plastiktüte. Das Erbrochene.

»Lassen Sie das ruhig hier«, höre ich mich sagen, »gehen Sie – Gott sei mit Ihnen!«

Da sie zu betrunken ist, sich selbst zu befreien, öffne ich mit langem Arm die rechte Hintertür. Geld ist nicht wichtig. Liebe ist, was zählt. Und immerhin habe ich ja die Tüte.

Mühsam klettert die Alte aus dem Auto. Sie jammert, lallt und ächzt. Ich schließe die Tür hinter ihr und blicke ihr milde nach, wie sie davontorkelt.

Die Tüte lehnt auf dem Rücksitz in der Abendsonne. Feuchtigkeit breitet sich auf dem mürben Kunstleder aus. Doch was ist das? Mir stockt der Atem. Mit einem Mal ist mir, als finge das Erbrochene an zu singen. Der Gesang ist fein und betörend, in einer völlig fremden Sprache, und doch verstehe ich wie durch ein Wunder jedes Wort. Das anrührende Lied handelt davon, dass es, das Erbrochene, einst eine liebliche, wundervolle Frucht an einem wilden und sattgrünen Berghang im fernen Südosteuropa gewesen sei, von bösen Menschen dann zu einem ungesunden Getränk gepresst und aufs schärfste destilliert wurde und über zahlreiche Umwege und Tausende Kilometer am Ende im Magen der alten Frau gelandet sei. Erst dort habe es sich, so das Erbrochene weiter, durch einen Trick befreien können und sei so letztlich in dieser Plastiktüte gelandet, wo es nun, meiner Gnade vollkommen ausgeliefert, auf sein weiteres Schicksal harre.

Ich bin tief ergriffen. Aus diesem Blickwinkel hätte ich die Angelegenheit von selber nie betrachtet. Ich fühle mich geläutert, rein und gut. Behutsam setze ich das Erbrochene in seinem blauweißen Kunststoffheim am Straßenrand ab. Dort, im Schatten der Bäume, fühlt es sich hoffentlich beinah wie zu Hause.

Meine längste Tour

Am Kaiser-Wilhelm-Platz in Schöneberg befindet sich die Taxihalte auf dem Mittelstreifen der Hauptstraße. Rechter Hand verlaufen die niedrigen Hausnummern und linker Hand in umgekehrter Richtung ansteigend die hohen. Von meinem Taxi aus gesehen ist also rechts die 13, und links gegenüber befindet sich die 145.

Ich habe an diesem Montagnachmittag Muße, mir die Hausnummern minutiös einzuprägen – vielleicht nutzen sie mir ja irgendwann einmal für den Lottoschein. Seit zwei Stunden stehe ich hier, davon immerhin schon eine als erster Wagen.

Ein Mann winkt links von mir an der Bushaltestelle. Ich reagiere nicht gleich, habe Angst, wegen eines Irrtums die lang ersessene Pole-Position zu verschenken. Warum kommt er nicht einfach auf den Mittelstreifen herüber und steigt ein?

Er winkt erneut, pfeift dazu schrill auf zwei Fingern und brüllt etwas, das im Wortlaut wie »Taxi!« klingt, doch im Tonfall eher nach: »Ich stech dich ab, du Sau!« Kein Zweifel, das gilt mir. Auch sehe ich nun jede Menge Gepäck in seiner Nähe. Deshalb also ruft er mich zu sich. Ich schalte das Funkgerät aus, starte den Motor und rolle die zwei Meter vor bis zur kleinen Wendeschleife hinter der Rufsäule. Nun muss ich nur noch den Gegenverkehr abwarten, und schon bin ich beim Kunden. Das sind insgesamt keine zehn Meter.

Das letzte Auto im Gegenverkehr ist ein freies Taxi.

Direkt vor meinen Augen hält es am Straßenrand. Mein Kunde hat es herangewinkt.

Nur eine Sekunde später komme ich hinter dem Feind zum Stehen. Die Bremsen quietschen, wie ein Berserker hechte ich aus dem Auto und auf den Konkurrenten zu. Vor der Hauptstraße 145 riecht es nach durchgeschmorten Sicherungen bei Mensch und Maschine. Ein Blick in mein Gesicht stimmt den Kollegen rasch einsichtiger, als es meine gepresst hervorgestoßenen »Argumente« vermocht hätten. Er flüchtet grußlos. Der Fahrgast gehört wieder mir.

Erstmals sehe ich nun genauer hin. Das ist wirklich verdammt viel Gepäck! Unter anderem erkenne ich zwei Stühle, einen großen Fernseher und, tatsächlich, ein drei viertel volles Aquarium!

»Na, sparen wir uns den Möbelwagen?«, scherze ich leutselig.

»Kümmere du dich um deinen eigenen Dreck«, knurrt der sichtlich betrunkene Kunde. Unter dem Gerümpel krabbelt ein Pitbull-Vielfraß-Mischling hervor und macht Anstalten, mich anzufallen. »Keine Angst – der will nur töten«, beweist nun wiederum der Fahrgast Humor.

Schnell wird klar, was »mein eigener Dreck« ist: das Taxi mit seinem Zeug zu beladen, und zwar allein. Er kann nicht – der Rücken! Mit mürrischen Kommandos treibt er mich abwechselnd zu Eile und Vorsicht an und nippt dazwischen an seinem Flachmann. Als ich alles auf Kofferraum, Rücksitz, Dach und Fußräume verteilt habe, robbt der schwere Mann auf den Beifahrersitz, so dass die ohnehin schon ausgeleierten Stoßdämpfer mit einem metallischen Ruck auf Anschlag gehen. Der Hund springt ihm auf den Schoß.

Geräuschvoll schließt der Fahrgast die Tür. »So. Kann losgehen: Ich will nach Schöneberg!«

»Ja ...«

»Und zwar in die Hauptstraße. Hauptstraße dreizehn! Aber bisschen flott!«

Wie ein misslungener Hefeteig sacke ich hinter dem Steuer in mich zusammen.

»Was gibt's, Piepel?«

»Das ist direkt gegenüber!«

»Ja, genau.« Er wirkt erleichtert. »Hab schon befürchtet, ich kann wieder haarklein den ganzen Weg erklären. Bei euch gibt's da ja leider manchmal Kandidaten ...«

»Ich habe hier jetzt eine halbe Stunde lang das Auto beladen, nur um Sie einmal auf die andere Straßenseite zu fahren?«, unterbreche ich ihn. Ein Anflug von Hysterie lässt meine Stimme merkwürdig spitz klingen.

»Sag mal, was ist denn hier los?«, bellt er und richtet sich drohend auf. »Erst nimmst du deinem Kollegen die Tour weg. Da sag ich noch gar nichts dazu, obwohl Fairness für mich das Wichtigste überhaupt ist. Und dann passt es dem Herrn auch wieder nicht, nur weil ich nicht nach Timbuktu will. Wie ich euer ständiges Gejammer hasse!«

Mit aller Macht reiße ich mich zusammen. Es bringt ja doch nichts, und je schneller ich dieses Dreckschwein auf die andere Seite bringe, desto eher bin ich es auch wieder los. Seufzend drücke ich den Kurzstreckentarif.

Dadurch gerät er jedoch erst richtig in Rage: »Was ist denn hier los? Willst du mich verscheißern? Eine Kurzstrecke macht pauschal drei Euro. Der normale

Grundtarif ist zwei Euro fünfzig, und bis drüben haben wir höchstens zwo siebzig auf der Glocke. Was bringen die euch eigentlich bei? Hast du überhaupt 'nen P-Schein? O Mann, bei euch macht man echt was mit – ich glaub es nicht!«

»Ja, aber«, wage ich zu widersprechen und zeige die Hauptstraße bergab, »ich kann erst Höhe Helmstraße wenden, und muss dann dieselbe Strecke wieder den Berg hoch – das sind dann bestimmt so drei Euro zehn bis drei Euro zwanzig.«

»Hör mal, Freundchen.« Seine Stimme ist auf einmal gefährlich ruhig. »Ich hab hier keine Stadtrundfahrt mit studentischer Führung bestellt. Da kann man auch gepflegt mal die zwei Meter zurücksetzen und, hoppihopp, durch dieselbe Wendestelle auf die andere Seite. Da dann auch noch mal zwei Meter zurück, direkt vor die Haustür, und wir zwei bleiben die besten Freunde. Du kannst es dir aussuchen. Alles klaro?«

Klaro. Ich storniere also die Kurzstrecke – drei Euro Verlust – und drücke den Normaltarif. Wie betäubt setze ich zurück. »Ich darf rauchen.« Er zündet sich eine riesige Zigarre an.

Ich muss den rückwärtigen Verkehr vorbeilassen. »Was ist denn hier los? Wie lange dauert das denn noch?«, nörgelt der Fahrgast, während sein Köter nervös nach meiner Hand am Lenkrad schnappt. Am Taxistand sehe ich, wie der Wagen, der zuvor direkt hinter mir stand, eine Gruppe atemberaubender Schönheiten lädt. »Nach Hamburg«, ruft er mir freudestrahlend zu und wedelt mit einem Geldscheinbündel, während ihn eines der Mädchen von hinten neckisch ins Ohrläppchen kneift.

Endlich könnte ich losfahren, doch Hamburg ist

schneller – mit einer blitzschnellen Wendung nimmt er mir die Vorfahrt und braust unter dem frivolen Gekreische der offenbar völlig erotisierten Backfische davon.

»Schmeckt nicht«, knurrt mein Fahrgast böse. Ein letztes Mal fällt heiße Asche auf Sitz, Hund und offenen Hosenstall, dann lässt er den Rest der Zigarre im offenen Aschenbecher verglimmen. »Mir egal«, hämmert es in meinem Hirn, »mir egal, mir egal, mir egal …«

Ich bin mittlerweile wieder auf dem Mittelstreifen angelangt und stehe nun verkehrswidrig in der gegenläufig gekrümmten Wendeschleife. Noch ehe ich auf der anderen Straßenseite bin, gesellt sich ein neuer beißender Geruch zu den vielen anderen strengen Gerüchen im Wageninneren.

»Was riecht denn hier so?«, wundere ich mich halblaut.

»Ja, was wird hier wohl so riechen?«, verkündet er geheimnisvoll. »Ein klarer Fall für den Fifty-fifty-Joker.«

»Ach, vergessen Sie's einfach«, seufze ich.

Vor der Hausnummer 13 setze ich schließlich zurück, bis genau vor die Haustür. In der Tat zeigt das Taxameter zwei Euro siebzig an. Doch irgendetwas scheint ihm nicht zu passen: Teilnahmslos sieht er zu, wie ich das Auto entlade.

Dann erst steigt er aus und wälzt sich im nächsten Moment unkontrolliert zuckend auf dem Bürgersteig: Ein epileptischer Anfall!

Ich werfe mich auf ihn, versuche mit aller Kraft, den bärenstarken Kerl am Boden zu fixieren, der wie verrückt um sich schlägt und tritt. Ich verletze mich dabei nicht unerheblich, auch weil der Kampfhund seinen Besitzer schützen will, doch schließlich gelingt es mir: Der Mann rührt sich nicht mehr – dafür hat er nun eine klaffende Platzwunde am Kopf.

Zuerst ist es wunderschön, ihn da still am Boden liegen zu sehen. Doch im nächsten Moment fällt mir ein, dass ich sicher für meinen Fahrgast verantwortlich gemacht werde. Ich fingere nach seinem Handgelenk, fühle keinen Puls. Es führt kein Weg dran vorbei: Ich muss ihn Mund-zu-Mund beatmen – o Gott! Wie macht man das überhaupt? Am besten stelle ich mir vor, ich küsse eine schöne Frau.

Ich schließe die Augen und lege meine Lippen an seine. Die schönen Frauen sind auch nicht mehr das, was sie mal waren. Diese hier hat sich anscheinend eine Woche nicht die Zähne geputzt, sich in diesem Zeitraum ausschließlich von Kaffee, Bier, Schnaps und Döner mit Knoblauchsoße ernährt – und gerade eben eine billige Zigarre geraucht. Als ich gerade eine Pause mache, um wieder genügend Sauerstoff zu tanken, wacht er wieder auf. »Was ist denn hier los?«, blafft und schnauzt der reanimierte Bösewicht. Nach dem Atem findet er als Nächstes seine fiese Laune wieder: »Wieso liege ich hier auf dem Boden rum? Kannst du nicht aufpassen?«

»Ich würde jetzt gern abkassieren, bitte.« Auf seine Provokation gehe ich erst gar nicht weiter ein.

Im Nu wird er milder. Er braucht mich noch. »Geld ist oben«, brummelt er. »Kannste haben, wenn du mir gleich den Kram hochgebracht hast. Kriegst auch ordentlich Trinkgeld.«

Als ich eine halbe Stunde später keuchend an der Tür seines Schweinestalls lehne, verkündet der Kunde onkelhaft: »So, jetzt gibt's fein Schotter. Meine Abrechnung: Du bist vorhin einen Meter zu weit zurückgerollt. Sonst wären es nur zwei Euro sechzig gewesen – ich hab genau drauf geachtet. Hast wohl gedacht, ich merk's nicht, was?« Er zwinkert mir zu. »»Der Alte ist blöd, mit dem Alten kann man's ruhig machen‹, hast du gedacht. Aber weil du mir den Klimbim hier hochgeholt hast, zieh ich dir die zehn Cent nicht ab – macht zwo siebzig.« Er überreicht mir großzügig einen Zweihunderteuroschein.

Ich erstarre. »Den kann ich nicht wechseln.«

»Au Mann«, stöhnt er auf, »du bist echt zu blöd. Das ist wohl dein erster Tag heute im Taxi, was? Aber pass auf, ich bin immer fair: Nächste Woche muss ich mit den Sachen wieder zurück auf die andere Seite. Da rechnen wir dann einfach die beiden Touren zusammen ab.«

Donnerstag

Ich hasse Donnerstage.

An jedem Donnerstagabend sind die Straßen extrem verstopft, während man die Fahrgäste mit der Lupe suchen muss: Hohes Verkehrs- bei niedrigem Geschäftsaufkommen – das unseligste Zusammentreffen nach dem Ausfall beider Triebwerke und Brechdurchfall. Warum gerade donnerstags, ist mit menschlicher Vernunft nicht zu erklären, sondern eher mit Verhaltenskonditionierung, wie man sie von Versuchen mit Meerschweinchen kennt: Rechte Tür Stromschlag – linke Tür Futter: Gelernt ist eben gelernt. Früher konnte man nämlich an Donnerstagen in bestimmten Geschäften, wie heute täglich und überall, bis 20 Uhr einkaufen. Das crazy-abgefahrene Experiment nannte sich »verkaufsoffener Donnerstag« und hat sich offenbar als kollektives Wissen in sämtliche Hirne gebrannt. Wer donnerstags als Berufskraftfahrer arbeitet, ist somit gründlich angeschmiert. Wann setzt endlich mal ein Taxifahrer ein Zeichen und verbrennt sich aus Protest vor einer Rufsäule? Ich würde es ja selber machen, wenn ich nicht so schlecht brennen würde. So kann ich immerhin anbieten, Streichhölzer und Diesel zu stiften.

Die Warschauer Straße liegt unter einer dichten weißen Wolke aus Abgasen. Vor mir, hinter mir und neben mir stehen sie im Stau. Ich hasse Staus, fast noch mehr als Donnerstage. Im Stau geht es nicht weiter. Ich mag es aber nicht, wenn es nicht weitergeht. Wenn es nach mir ginge, ginge es immer weiter. Stillstand ist Rückschritt, und Rückschritt ist doof.

Zu allem Überfluss sitzt in jeder der zahllosen Blechkisten nur ein einzelner Mensch. Berlin hat eines der funktionstüchtigsten Nahverkehrssysteme der Milchstraße? Nie gehört! Brummbrumm! Staustau! Dabei popeln die uninformierten Motoristen uniform in der Nase und pulen possierlich zwischen den Zähnen, als wären die Autofenster undurchsichtig oder sie ganz allein auf der Welt. Zeit für Körperpflege haben sie schließlich mehr als genug, es geht ohnehin nicht weiter.

Ich kann so nicht arbeiten! Doch wozu bin ich Taxifahrer? Ich kenn mich aus, ich weiß Bescheid; eine überfallartige Rechts-links-Kombination, und schon fahre ich – zack! – den Schleichweg hinein in die kleine Seitenstraße, wo die Leute so gerne wohnen, weil es dort so ruhig ist.

Dort stehe ich nun – zusammen mit all den anderen Schlaubergern vor mir. Auf ihren Autos glaube ich Slogans auszumachen: »Umwelt ist Dummwelt«, »Nature no!«, »Fuck the Forest!«, »Flora ist Krieg – Fauna ist Faschismus!« Weit hinten am Horizont mache ich eine dauerrote Ampel aus. Es geht keinen Meter weiter. Das monotone Rattern der Kolben im Leerlauf entwickelt sich zu einer enervierenden Marschmusik. Es klingt wie: »Tot, tot, tot – macht die Erde tot – tot, tot, tot – macht …«

Was für ein Krach! Ob die Leute, die hier wohnen, jetzt traurig sind? Ich kann nichts erkennen: keine Tränen, keine Taschentücher, keine Anwohner. Vielleicht haben sie Reißaus genommen, mit dem Billigflieger, nach Malle oder Kyoto. Auf einem Balkon im zweiten Stock hängt ein brennender Riesenteddy mit nur einem Auge über dem Geländer. Es ist Herbst, er ist allein.

Allein bin auch ich in meinem Taxi. Zeit für ein kleines Resümee: An einem Donnerstag bin ich geboren; an einem Donnerstag werde ich sterben. Und zwar aller Voraussicht nach im Stau. Oder am Stau, an irgendeinem Stau: Blutstau, Triebstau, Kotstau. Ich hasse den Donnerstag.

Männergesellschaft

Noch ahne ich nicht im Geringsten, dass ich mich bereits im Prolog eines großen kathartischen Erlebnisses befinde, als sich gegen drei Uhr morgens ein orientalischer Mittdreißiger von mir zu einer Spelunke in Schöneberg fahren lässt. Unspontan, wie ich zu diesem Zeitpunkt noch bin, fällt mir dort angekommen nichts Besseres ein, als den Fahrpreis von ihm zu verlangen. Meinen Wunsch souverän ignorierend, stellt sich der Fahrgast als Herr Ümit vor und teilt mir lapidar mit, ich müsse ihm auf der Stelle fünfzig Euro leihen – es sei wichtig.

Völlig perplex lehne ich sein Ansinnen ab. Er habe ein wenig getrunken und einiges Geld verspielt, erklärt daraufhin Herr Ümit. Aha, denke ich, das ändert ja wohl einiges, und schon beginne ich innerlich zu wanken. Er gibt mir seine EC-Karte, die Meldebescheinigung sowie einen türkischen Pass. Das verschwommene Foto darin zeigt einen Schnauzbartträger, der aussieht wie alle Schnauzbartträger: gleich. Warum wir nicht unterwegs am Bankautomaten gehalten hätten, will ich nunmehr wissen. In meiner Frage erkennt er sofort das Rückzugsgefecht. Er durchbricht meine Deckung mit Hilfe einer schweren Argumentationskette, bei der die männliche Ehre und die Tatsache, dass er »kein Arschloch« sei, die wichtigsten Glieder darstellen. Ob ich etwa glaube, dass er ein Arschloch sei. Nein, lüge ich, woraufhin er weitere ethno-kulturell verbrämte Argumente durch die Gegend ballert.

Er weiß natürlich, dass ich das mit der Ehre gar nicht beurteilen kann, weil ein solch exotisches Sittenkonstrukt in meinem Kulturkreis bekanntlich überhaupt nicht existiert. Wie virtuos er es versteht, auf der Klaviatur meiner als Gutmütigkeit getarnten Geistesschwäche zu klimpern! Ich solle seine Papiere und die Karte als Pfand behalten, während er in der Spelunke seine Wettschulden begleiche, schlägt Herr Ümit vor. Danach werde man gemeinsam zur Volksbank in der Karl-Marx-Straße fahren, wo ich die fünfzig Euro sowie den bis dahin aufgelaufenen Fahrpreis erhalten solle. Ich bin begeistert: Nicht nur, dass mir sein kecker und moderner Plan außerordentlich gefällt, er entspricht darüber hinaus rundum meinem harmonischen Weltbild mit dem Menschen als Partner von Tier und Pflanze.

Dankbar überreiche ich ihm fünfzig Euro. Wie selbstverständlich nimmt er sie entgegen, trägt sie in die Spelunke und kommt nach wenigen Minuten wieder heraus.

Fahren wir, meint Herr Ümit und wirft sich auf den Rücksitz. Auf der kurzen Fahrt nennt er mir das Ergebnis eines Fußballspiels, auf das er gewettet habe. Das Resultat entspricht nicht demjenigen, welches ich eben im Radio gehört habe. Auch sein Alter, das er mir beiläufig nennt, stimmt nicht im Ansatz mit jenem überein, das ich in der Zwischenzeit in seinem Pass gelesen habe. Blitzschnell strickt er ein derart dichtes Netz aus Lügen, dass ich mich hoffnungslos darin verfange. Langsam mache ich mir Sorgen.

In der Karl-Marx-Straße halten wir, er steigt aus und

geht in die Volksbank. Dort sehe ich ihn durch die Scheibe am Automaten ein paar Gedenkminuten einlegen. Als er zurückkommt, überbringt er schlechte Nachrichten: Er bekomme heute kein Geld mehr, weil er vorhin bereits welches gezogen habe. Und er sei von dieser unangenehmen Tatsache mit der gleichen Wucht überrascht worden wie ich jetzt wohl auch. Ich mache mir nun gewiss Sorgen, errät er feinfühlig, aber er habe mir einen grandiosen Vorschlag zu machen: Er überlasse mir jetzt seine Bankkarte, nenne mir seine Geheimnummer, und ich könne das Geld morgen selbst abheben. Er notiere sich nur meine Telefonnummer, um mich anderntags anzurufen und mir mitzuteilen, wohin ich ihm seine Karte zurückbringen könne. Er seinerseits habe leider kein Telefon, und das Handy sei ihm gestohlen worden.

Und so einigen wir uns. Gib mir noch mal zehn Euro, sagt Herr Ümit, dann haben wir mit den fünfzig Euro und den neunzehn Euro dreißig fürs Taxi zusammen neunundsechzig Euro dreißig. Dafür könne ich mir dann von seinem Konto hundert Euro abheben: Auch ein kühler Rechner kann durchaus ein großzügiger Mensch sein! Ich gebe ihm die zehn Euro – kommt es darauf noch an? Die Dummheit mit den fünfzig ist bestimmt fünfmal größer gewesen. Abschließend verlangt Herr Ümit, noch zur Flughafenstraße gefahren zu werden – angesichts der gut zwanzig Euro Trinkgeld kein unangemessener Wunsch. Dort angekommen, verschwindet er in einer weiteren Spelunke.

Am nächsten Nachmittag gehe ich zum Geldautomaten und von da aus direkt weiter zum Polizeirevier Rollbergstraße.

Vor dem Revier steht ein Weihnachtsmann und ver-

111

teilt Bonbons an die Kinder. Drinnen erzähle ich einem Beamten, ich sei Taxifahrer und wolle eine Anzeige wegen Betrugs erstatten: Ein fremder Fahrgast mit Wettschulden habe sich von mir, dem Fahrer, eine Menge Geld geliehen und es erstaunlicherweise nicht zurückgezahlt. Der Polizist verlässt den Raum, und durch die geschlossene Tür kann ich hören, wie sich die ganze Abteilung prächtig amüsiert. Schließlich kommt Polizeioberkommissar Lausch zu mir herein, wischt sich die letzten Lachtränen von der Wange und legt mir einen dicken Ordner vor: die gesammelten Werke des Herrn Ümit. Dieser ist offensichtlich sehr fleißig gewesen. Man müsse auch, so Lausch, bedenken, dass die Dunkelziffer um ein Vielfaches höher sei, da sich viele meiner Kollegen ihrer abgrundtiefen Blödheit schämten. Er nimmt meine Anzeige auf und zeigt mir Bilder von Schnauzbartträgern. Ich könne die nur schlecht unterscheiden, diese Schnauzbartträger sähen alle gleich aus, erkläre ich dem schnauzbärtigen Oberkommissar, entscheide mich am Ende aber doch für einen, der in seiner Verschwommenheit am ehesten Herrn Ümit ähnelt.

Als ich endlich gehen kann, verschwinde ich noch kurz aufs Polizeiklo. Dort steht eine Botschaft an die Wand gekritzelt: »Geiler Boy, 18, will von dir gefickt werden. Warte jeden Tag ab 15 Uhr vor der Polizei. Mit ›Markus‹ ansprechen.« Der Ort für diese Botschaft erscheint mir nur im ersten Moment unpassend. Bedenkt man jedoch, wie viele Schnauzbärte diese schmucklose Polizeistation inner- und außerhalb ihrer Aktenordner birgt, kann man den geilen Boy für seine glänzende Wahl nur beglückwünschen: »It's a Man's Man's Man's World ...«

Ich sinniere, dass Herr Ümit zwar ein Arschloch ist und keine Ehre besitzt, mir dafür aber endlich gezeigt hat, dass das Leben nicht nur aus Abkassieren besteht. Viel zu lange habe ich geglaubt, ich müsse mit dem Taxifahren Geld verdienen: Ich lud Leute ein, fuhr sie irgendwohin, nahm ihnen ihr Geld weg und lud sie wieder aus – ein Teufelskreis, aus dem mich nun Herr Ümit befreit. Ich wasche mir die Hände und verlasse die Polizeistation.

Draußen steht immer noch der Weihnachtsmann. Als ich an ihm vorübergehe, zupft er mich am Ärmel. »Markus?«, frage ich, und er nickt scheu. Da ich ja nun gelernt habe, etwas spontaner zu sein, nehme ich ihn kurzerhand mit nach Hause.

Männerjustiz

Am Amtsgericht Tiergarten schließe ich mein Fahrrad an eine Laterne. Im Eingangsbereich verlangt eine Wachpolizistin Vorladungsschreiben und Ausweis. Schließlich könnte ich mir sonst den Spaß machen, an irgendeiner fremden Verhandlung teilzunehmen, nichts zur Sache auszusagen und (besonders witzig!) mich zu einer langjährigen Gefängnisstrafe verurteilen zu lassen. Und keiner ahnt etwas! Die Beamtin durchsucht meine Radtasche und beschlagnahmt meine Luftpumpe sowie eine Stoppuhr – die Sachen könne ich mir später wieder abholen.

Ich frage sie, ob ich vielleicht auch noch meine Schnürsenkel abgeben solle?

»Nicht nötig«, lacht die Cerbera herb, am Ende werde ich mich dann »ja doch an einem alten Schlüpper aufhängen«. Immerhin besitzt sie Humor.

Im Warteraum vor Saal C/103 steht eine Rotte finsterer Gestalten. Das muss Herrn Ümits Verwandtschaft sein, und ich habe mein Testament noch nicht gemacht! Ein flaues Gefühl, wie ich es bisher nur aus Schulgebäuden und Krankenhäusern kenne, bemächtigt sich meiner Magengegend.

Kurz darauf werden sämtliche Prozessbeteiligten in den Saal gebeten. Die Rotte schiebt sich in den Raum, in dessen Mitte Herr Ümit, ohne uns anzusehen, zusammengekauert auf einem Stühlchen sitzt. Gewiss baldowert er aus, wie er später mit dem Richter um seine Freiheit zocken wird – doppelt oder nichts, Freispruch oder lebenslänglich. Der Richter kommt, die Rotte erhebt sich. Sie entpuppt sich als Ansammlung gleichfalls Geschädigter. In dieser Haltung warten wir auf Herrn Ümits Anwalt.

Nach dem dritten Aufruf rumpelt ein weißhaariger Altfreak mit Ohrklunkern, die eine Wahrsagerin vor Neid erblassen ließen, herein, raunt »Tschulligung«, wirft einen leeren Kaffeebecher zu Boden, krabbelt unter den Tisch, um ihn aufzuheben, bleibt beim Versuch, wieder aufzustehen, wegen seiner Leibesfülle hängen und bringt das gesamte Mobiliar gefährlich zum Schwanken. Nur wenigen gelingt es, sich angesichts der zirkusreifen Nummer das Lachen zu verbeißen. Wir Opfer nennen nacheinander unsere Namen, werden zwanzig Sekunden lang belehrt und im Anschluss wieder rausgeschickt, um nach einer Pause einzeln wieder aufgerufen zu werden.

Im Wartebereich mache ich mich mit ein paar der anderen bekannt, dem wortkargen Herrn Aydin, dem untersetzten Herrn Karpat und dem gut informierten Herrn Sehat. Dieser weiß absolut alles: So sei der Freak kein Pflichtverteidiger, sondern eine gottgleiche Koryphäe, die Herrn Ümit, der von Frau, Sohn und Hund verlassen und hochverschuldet von Sozialhilfe lebe, bereits 4000 Euro aus den Rippen geleiert habe. Und Herr Ümit habe nicht nur 36 Taxifahrer betrogen, sondern sei hier obendrein wegen Raubes, Körperverletzung und – hierbei stockt Herr Sehat kurz und senkt die Stimme – wegen Mordversuchs.

Versuchter Mord? Was für ein Teufelskerl! Das hätte ich ihm gar nicht zugetraut! Anerkennend pfeife ich durch die Zähne.

Herr Aydin wird aufgerufen, ist nach drei Minuten wieder zurück und wird von Herrn Karpat abgelöst. Ob der Mordversuch ebenfalls an einem Taxifahrer verübt wurde, weiß Herr Sehat auf meine Nachfrage hin allerdings nicht zu sagen. Noch während er zu einer schlüssigen Spekulation anheben will, ist der Topinformant auch schon selbst an der Reihe. Bei seiner Rückkehr verkündet er fröhlich, Herr Ümit sei völlig fertig, der komme hier nie mehr raus. Jetzt bin ich dran.

Als ich den Verhandlungsraum betrete, kehrt der Angeklagte mir den Rücken zu. Ob ich den Mann kenne, fragt der Richter. In diesem Moment vollführt der taktisch listig in sich zusammengesunkene Herr Ümit eine Achteldrehung, und ich identifiziere ihn. Erstaunlich übrigens, dass keine Beamten im Raum sind, um diesen gemeingefährlichen Verbrecher im Zaum zu halten, aber wahrscheinlich hat Herr Ümit dem Gericht sein Ehrenwort gegeben. Er sei kein Arschloch. Ob er, der Richter, etwa glaube, dass er ein Arschloch sei …

Meine Aussage sorgt für rundum fröhliche Gesichter. Nur Herr Ümit dreht sich griesgrämig um und fragt mich in gekünstelt morbidem Tonfall, ob ich wisse, dass ihm ein Taxifahrer seit fünf Jahren Drogen verkaufe. Also diese Strategie verfolgt er nun – gar nicht dumm!

»Die sind nicht alle so, Herr Ümit«, beschwichtigt der um Ausgleich bemühte Freakanwalt seinen Mandanten, der daraufhin seinen Blick tief enttäuscht und wohl für immer von mir abwendet. Die einzigen Nachfragen beziehen sich auf den Drogenkonsum des Herrn Ümit: Ob mir an dem Mann damals diesbezüglich etwas aufgefallen sei?

Ich verneine. Der Verteidiger hakt nach, ob ich sicher sei und ob ich mich da auskenne, es gebe schließlich solche und solche Drogen. Ich würde mich da auskennen, grinse ich ihn an, und unvermittelt grinsen wir beide, wie zwei Honigkuchenpferde, die direkt in den Sonnenuntergang traben.

Ein altes Muttchen linker Hand, das mir bis dahin kaum aufgefallen ist und wohl die Staatsanwaltschaft mimt, befragt mich kurz zum mutmaßlichen Alkoholkonsum des Angeklagten zur Tatzeit. Danach werde ich mit warmen Worten entlassen, zum Abschied winke ich noch einmal freundlich in die Runde. Ich habe die Herzen dieser wackeren Juristen im Sturm erobert.

An der Gerichtskasse bekomme ich anstandslos die unter dem Vorwand eines utopischen Verdienstausfalls geforderten einhundert Euro sowie das Fahrgeld für die BVG, packe die Kohle in die Fahrradtasche und gehe aufs Klo. Dort erwartet mich eine unschöne Überraschung: Sämtliche Wände sind über und über mit ein und derselben Botschaft beschmiert: »Geiler Boy, 19, will von dir gefickt werden ...« Darunter *meine* Adresse und *meine* Telefonnummer!

Na warte, Markus, du kleiner Drecksstricher: Noch heute setze ich dich vor die Tür – ich hab ja jetzt Geld!

Ich verlasse das Amtsgericht Tiergarten als freier Mann – alles andere hätte mich auch sehr gewundert. Meine Luftpumpe können sie behalten, die ist sowieso kaputt.

Schluss mit lustig

Michael Mittermeier. Ingo Appelt. Johann König. Mario Barth. Dieter Nuhr …

Die deutsche Weltmeistermannschaft von 1945? Nein, vielmehr die Namen topaktueller Protagonisten der deutschen Stand-up-Comedy, einer Szene, mit der ich mich selber aus Geschmacksgründen kaum auseinandersetze. Doch für Informationen derartiger Natur habe ich ja meine Fahrgäste. Dieser bequeme und umfassende Heranführungsservice an sämtliche Aspekte des modernen Lebens sind mit ein wesentlicher Grund dafür, dass ich überhaupt Taxi fahre.

Ich nehme durchaus auf, was mir gesagt wird. Erstens soll mir nicht nur aufgrund eigener Vorurteile womöglich doch ein Edelstein populärer Kasperkunst durch die Lappen gehen, und zweitens habe ich sonst ohnehin nichts zu tun: Gas geben, lenken, bremsen, zuhören. »Sehr lustig«, schallt es wiederholt vom Rücksitz, »ein sehr lustiger Mann! Den müssen Sie sehen! Ich geh auf jeden Fall hin: Mittwochabend in der Columbia-Halle.«

Mittwochabend um Viertel nach zehn warte ich im Taxi vor der Columbia-Halle. Zum Reingehen hat es dann doch nicht gereicht, ich muss schließlich arbeiten. Ohnehin finde ich es reizvoller, als unbeeinflusster Beobachter im Nachhinein zu analysieren, auf welche Weise die jeweilige Veranstaltung ihr Publikum beeinflusst hat.

»Rüdiger Hoffmann«, steht in großen Lettern auf der Tafel über dem Eingang. Das ist er! Das ist genau der lustige, hochgerühmte, hochkomische Mann, der mir so warm empfohlen wurde. In einer Viertelstunde dürfte die Show zu Ende sein. Ich bin jetzt schon unheimlich gespannt auf die gutgelaunten Massen. Womöglich gelingt es ihnen vor Lachen kaum, das Fahrtziel anzugeben? Hier draußen vernehme ich zwar noch keine Heiterkeitsausbrüche, aber die Türen sind ja auch geschlossen und bestimmt sehr dick.

Um halb elf öffnen sich die Tore. Die Leute strömen aus dem Saal. Es herrscht eine geradezu unheimliche Ruhe. Keiner spricht, keiner lacht. Die Gesichter sind ernst. Wüsste ich es nicht besser, könnte es sich um die Teilnehmer eines Trauergottesdienstes handeln.

Ein Pärchen nähert sich meinem Taxi. Zaghaft öffnet der Mann die Tür rechts hinten. Schweigend und übellaunig steigen sie ein, der vormals gewiss gesunde Teint ist einer aschfahlen starren Maske gewichen. Leise wird mir ein Fahrtziel genannt. Ich nicke stumm. Ob es denn lustig gewesen sei, wage ich nicht zu fragen.

Wir fahren los. Ich blicke in den Innenspiegel: Beide nagen unablässig an ihren Lippen, die Mimik changiert zwischen nachdenklich, verzweifelt und erschüttert. Es ist, als habe der Komiker all ihre Hoffnungen in einem aus dünnen Witzen gezimmerten Armensarg zu Grabe getragen. Vielleicht hat er aber auch grandios mit den Zuschauererwartungen gespielt, die er eigens für diesen kathartischen Moment mit Hilfe der Kunstfigur des vermeintlich flachen Komödianten jahrelang heranzüchtete? Vielleicht hat er ihnen heute einmal etwas völlig anderes geboten, hat ihnen unerwartet den Spiegel vorgehalten, indem er afrikanische Kindersoldaten, böhmische Mädchen, die sich an der Europastraße prostituieren, und verölte Seevögel in rascher Folge aneinanderschnitt und mit Musik von Rachmaninoff, Nick Cave und Elvis Costello unterlegte? Sollte ich das Genre jahrelang grundlos unterschätzt haben? Ach nein, das glaube ich nicht.

Nur, lustig kann es ja wohl in keinem Fall gewesen sein. Ich muss den Blick vom Innenspiegel abwenden, denn die wie erloschene Sterne ins Leere glotzenden Augen des Paares bohren sich schmerzhaft in mein Gemüt. Nur ein einziges Mal unterbricht der Mann die Stille, als er mürrisch und kurz angebunden fragt: »Ich darf doch rauchen, oder?«

Den Rest der immerhin zwanzig Minuten währenden Fahrt fällt kein Wort. Abwechselnd stößt einer von beiden einen gequälten Seufzer aus, der aus dem tiefsten Abgrund einer unendlich gemarterten Seele zu kommen scheint. Eigentlich fehlt nur noch, dass sie weinen, aber das haben sie gewiss schon in der Halle getan, und nun haben sie keine Tränen mehr. Der bedrückenden Atmosphäre im Taxi wegen verfahre ich mich gründlich, doch offensichtlich ist ihnen alles egal. Am Fahrtziel angekommen, zahlt der Mann. »Danke«, sage ich, »auf Wiedersehen.«

»Ach ja«, stöhnt er, »ach ja.« Leise wimmert die Frau vor sich hin.

Als sie fort sind, haben sie mich längst mit ihrer Schwermut angesteckt: Für den Rest der Nacht bin ich selber traurig, und auch noch die nächsten Tage über. Was, um Gottes willen, sollte das mit »lustig« zu tun haben? Da müssen mir die Fahrgäste wochenlang einen übergewichtigen Bären aufgebunden haben, unter dessen Last ich nun ächze und schwitze. Bei Rüdiger Hoffmann handelt es sich allem Anschein nach in Wahrheit um einen außerordentlich aggressiven Schlechte-Laune-Bazillus, quasi einen Seelenmilzbranderreger.

Noch lange Zeit danach umfahre ich die Columbia-Halle weiträumig. Erst drei Jahre später wage ich einen neuen Versuch anlässlich eines Bushido-Konzerts.

Storchenfahrt

»Raumerstraße 17, Storchenfahrt, danke!«, wiederhole ich den angenommenen Auftrag.

»Danke«, knarzt die Zentrale zurück. Noch einmal knackt es wie zum Hohn im Lautsprecher meines Funkgeräts, dann bin ich in meinem Taxi wieder allein mit mir und meinen Gedanken.

Meine erste »Storchenfahrt«! Ich habe es nicht eilig, zur angegebenen Adresse zu kommen – allzu viel haben erfahrenere Kollegen gemunkelt von dramatischen Transporten eher schon Gebärender denn Hochschwangerer zur fälligen Entbindung ins nächstgelegene Krankenhaus.

Der Begriff Storchenfahrt ist eine selbstironische Anspielung des Taxifahrers auf seine fast schon sprichwörtliche Asexualität, die ihn noch an den Klapperstorch glauben lässt: Wer will schon einen Mann, der morgens zu Bett geht und am Abend aufsteht? Der in enervierenden Endlosschleifen Taxifahrerlatein absondert. Der sich jeden Morgen in den Schlaf säuft und kifft. Der beim nachmittäglichen Ankleideriechtest entscheidet: »Was mach ich heute? Och, nur Taxi fahren – dann geht das ja noch.« Einen Mann, der Sex allenfalls mit dem Abkassieren der Kopfprämien an den Türen Charlottenburger Bumslokale in Verbindung bringt, von dem einen Mal abgesehen, als er nach der Schicht besoffen mit der ebenfalls besoffenen Kollegin … bzw. war da überhaupt was?

Fahrgäste haben dagegen offenbar Geschlechtsverkehr in ihrer geheimnisvollen fremden Welt da draußen außerhalb des Taxis. Wenn sich Fahrgastfrau und Fahrgastmann, wie ich diverse Male verstohlen im Innenspiegel beobachten konnte, ganz, ganz lieb haben, dann gibt es neun Monate später manchmal eine Storchenfahrt.

Schließlich biege ich doch noch in die Raumerstraße ein und mache bereits von weitem die Hausnummer 17 aus, vor der im Schein der Straßenlaterne ein Paar steht. Der Mann stützt die Frau. Sie krümmt sich in rhythmischen Bewegungen. Au weia, so weit ist es also schon! Rasch fahre ich an den beiden vorbei, den Ruf des Mannes geflissentlich überhörend, um noch eine Ehrenrunde um den Block zu drehen. Ich muss mich erst sammeln. Auch hege ich die zarte Hoffnung, die Sache werde sich während dieses kleinen Aufschubs von selbst erledigen. Durch ein zufällig vorbeikommendes freies Taxi, dessen im Halbschlaf dösender Fahrer versehentlich hält zum Beispiel, oder per Sturzgeburt. Nach einer zusätzlichen Warteschleife die Danziger Straße rauf und runter, mit Stopp an jeder gelben und roten Ampel, schließe ich die Ehrenrunde vor den Kunden ab.

»Da sind Sie ja endlich!« Der Mann reißt hinten ungeduldig die Tür auf. »Sie sind vorher schon mal an uns vorbeigefahren!«

»Morgenchen«, grüße ich unschuldig, während er die reife Frucht auf den Rücksitz verfrachtet und sich danebenklemmt. »Na, wo soll's denn hingehen?« Aufs Geratewohl bin ich bereits von der Raumerstraße linksrum in die Pappelallee abgebogen, in die ungefähre Richtung der Charité.

»Ins Krankenhaus Friedrichshain«, sagt der Mann. Er wirkt kurz angebunden. Unfreundlich. Gute Güte, ich mache hier doch auch nur meinen Job. Ist das denn zu viel verlangt, wenn man schlicht wie ein Mensch behandelt werden möchte?

»Ach nee, da kann man ja gar nicht geradeaus fahren«, denke ich laut, »ich wollte eigentlich rüber in die Kastanienallee. Das wäre der kürzeste Weg zur Charité gewesen.« Ich lache verlegen. »Na, dann muss ich eben rechts die Schönhauser hoch, dann an der Cantian wenden und das Stück zurück!«

»Krankenhaus Friedrichshain«, bellt der Mann.

Irgendwie macht er mich nervös. Das ist gefährlich. Wie soll ich so fahren? Unter diesen Umständen kann ich für unsere Sicherheit kaum garantieren. Zu allem Überfluss fängt nun auch noch die Frau an, schwer zu atmen und laut zu stöhnen.

An der Cantianstraße kann ich nicht wenden – die Durchfahrt unter der Hochbahn ist gesperrt. »Hm, Mist, da ist ja 'ne Baustelle«, tue ich überrascht, »da kann ich jetzt erst an der Gleim umdrehen oder so.«

Nach Zustimmung heischend, drehe ich mich um. Der Bauch der Frau ist nun direkt vor mir. Kunststück, der Bauch der Frau scheint hier überall zu sein und wie ein riesiger Ballon das ganze Auto auszufüllen. Auf einmal ist mir, als rumpele eine Art Alien gespenstisch darin herum. Ich muss mir Mühe geben, nicht laut aufzuschreien.

Der Mann wird weiß im Gesicht, während seine Frau nach Luft schnappt. »Fahren Sie zum Friedrichshain«, zischt er durch die zu Strichen zusammengepressten Lippen, »und zwar auf dem kürzesten Weg!«

»Na, na, wer wird denn so aufgeregt sein?«, brumme

ich besänftigend, »gibt doch nun wirklich keinen Grund.« Das ist doch alles nicht meine Schuld hier! Wenn er dermaßen schwache Nerven hat, hätte er mal besser verhüten sollen. Wie will er so seiner Frau ein verlässlicher Partner oder gar einem Kind ein ausgeglichener Vater sein? Aber nein, da wird mal wieder nur kurzfristig an die eigene Selbstverwirklichung um jeden Preis gedacht. Die Ergebnisse sieht man ja gerade hier, rund um den Helmholtzplatz. Und ich als völlig Unbeteiligter darf seinen Egotrip nun ausbaden.

Mittlerweile habe ich an der Gleimstraße gewendet und fahre die Schönhauser Allee wieder zurück. Nun müsste ich eigentlich links in die Danziger, doch da ist das Abbiegen verboten. Also fahre ich weiter geradeaus, und biege dann links in die Sredzkistraße. Der Muttermund öffnet sich, und die werdende Mutter brüllt.

»Warum sind Sie nicht in die Danziger abgebogen?«, brüllt der werdende Vater.

»Wegen Ihrem albernen Privatkram riskiere ich hier doch nicht Pappe und P-Schein!« Ich brülle nun ebenfalls. Vor uns in der engen Sredzkistraße direkt hinter der Kulturbrauerei ist die Fahrbahn voll mit Feiernden. Pub-Crawler deuten mit Flaschen lachend auf die Frau in meinem Fond, die sich in Wehen krümmt, nur ein Mädchen blickt mitleidig zu uns herüber. Es ist kaum ein Durchkommen.

Die Schwangere schreit wie am Spieß. Mittlerweile starr vor Entsetzen, fallen mir weitere Erzählungen der Kollegen ein: über Taxigeburten, bei denen es um Leben und Tod ging. Über breitgesessene Plazentas, deren modrige Reste sich noch Jahre später kaum aus den Rillen im Kunstleder entfernen lassen. Über

Fruchtwasser, das sich eimerweise ergießt und später knöcheltief im Fußraum steht. Und dann das viele Blut überall! Mein Kollege Günther, der ob der Blumigkeit seiner Schilderungen von uns anderen nur »Kassandra« genannt wird, will sogar eine Geburt auf dem Rücksitz seiner 8877 eigenhändig unterstützt und am Ende die Nabelschnur mit dem scharfkantigen Fuß des Wagenhebers durchtrennt haben. Von dem Gebrüll seien ihm damals beide Trommelfelle geplatzt, und dann habe er noch nicht mal ein vernünftiges Trinkgeld erhalten.

Das soll mir nicht passieren. Fuß aufs Gas, ein paar halsbrecherische Rechts-links-Kombinationen, Warnblinker an, Fernlicht an, ein paarmal kräftig hupen, Seitenfenster auf, Kampfgebrüll. Die Frau hilft, wo sie kann, und schon habe ich uns befreit, und wir donnern die kaum befahrene Danziger Straße runter Richtung Friedrichshain. Auf zu einem neuen kleinen Leben.

Die Mitte Berlins

Am Rande eines trostlosen Grünstreifens an der Alexandrinenstraße, ungefähr gegenüber der Hausnummer 115, befindet sich die Mitte Berlins, genauer gesagt »der Flächenschwerpunkt in den Grenzen von 1996«, wie auf einer eigens dort angebrachten Marmortafel zu lesen ist. Das heißt, würde man Berlin ausschneiden und auf ein Stück feste Pappe kleben, könnte man es an genau dieser Stelle auf einem dünnen Bleistift in der Balance halten.

Berlin ausschneiden? Man hat ja schon alles Mögliche an Basteleien versucht, zum Beispiel, die Stadt auszuradieren, wie übrigens speziell an diesem gesichtslosen Neubauviertel fein zu beobachten ist, oder eine Mauer mittendurch zu ziehen – aber ausschneiden? Nee. Dabei ist die Idee nicht neu: Man könnte zum Beispiel auch Deutschland ausschneiden, auf Pappe kleben und in der Nähe von Kassel ins Gleichgewicht bringen. Die Welt dagegen braucht man nicht auszuschneiden. Die kann man original so lassen, weil sie eine Kugel ist – die kann man theoretisch an jeder beliebigen Stelle balancieren. Wohl nicht zuletzt deshalb gab es Ende der dreißiger, Anfang der vierziger Jahre auch das Bestreben, Berlin und Deutschland auf den ganzen Globus auszudehnen, was wiederum vergebliche Liebesmüh gewesen wäre: In der Praxis fällt die Kugel nämlich immer runter.

Die Mitte Berlins: Da staunen die Touristen immer,

127

wenn sie in die Mitte Berlins gebracht werden wollen, »dahin, wo was los ist«.

»Dahin, wo was los ist, oder in die Mitte?«, pflege ich dann zu fragen, denn Berlin ist wie ein Atom – am Rand ist deutlich mehr Betrieb als im Zentrum. Wenn sich der Besucher jetzt immer noch darauf versteift, »in die Mitte« gefahren zu werden anstatt nach Berlin-Mitte, dem gleichnamigen schillernden Touristenbezirk, bringe ich ihn halt hierher und zeige ihm die kleine Marmorplatte. Kiefernnadeln verdecken fast die Schrift, ein Vogel hat daraufgekackt und ein Hund darunter. Besonders am Abend ist es hier wie ausgestorben: im Hintergrund der Sportplatz vom BSC Agrispor und rechts eine geschlossene Grundschule. »52 Grad, 30 Minuten, 10,4 Sekunden nördlicher Breite«, steht im Geographenkauderwelsch auf der Marmortafel, »13 Grad, 24 Minuten, 15,1 Sekunden östlicher Länge« sowie »Vermessungsamt Kreuzberg in Zusammenarbeit mit der Steinmetz- und Bildhauerinnung Berlin«.

Der Tourist ist zunächst sprachlos – jeder Tourist, das ist ganz erstaunlich, da gleichen sich die Fahrensleute wie ein Ei dem anderen. »It's all dead«, bekomme ich dann oft zu hören. Auf der Straße sieht man keine Menschenseele. Nur ein Betrunkener schleicht sich seitlich heran und pisst auf die Tafel. Er sollte sich schämen, auch wenn jetzt immerhin der Vogeldreck abgewaschen ist. Wie überall behindern auch hier die Einwohner durch ihre lästige Anwesenheit den Tourismus. Solche Leute sind der Dolch im Rücken der Berliner Fremdenverkehrswerber, eine Schande für die Mitte Berlins.

»Yes – it's all dead«, stimme ich zu. Wenn der Tourist

nett ist oder besonders enttäuscht, setze ich mich manchmal mit ihm auf eine Parkbank neben der Mitte Berlins und erkläre ihm alles in Ruhe: die Geschichte der Stadt und dass sie eben nicht ist wie andere Metropolen. Dass sie überhaupt keine Metropole ist. Die Mitte von London oder Paris sieht bestimmt anders aus. Oder man stelle sich vor, am Stadtrand von Mexiko City oder Tokio stünde ein Schild mit dem Namen der Stadt. In Berlin gibt es das, damit man weiß, wo es anfängt beziehungsweise wo man überhaupt ist.

»It's all dead«, wiederhole ich schließlich bekräftigend, »nix los hier, alles kaputtschikato!« Oft habe ich gleich im Anschluss eine fette Tour zurück zum Flughafen Schönefeld.

Sie sind das eigentliche Hauptübel: Männliche Mittvierziger ohne Migrationshintergrund

Auf Jugendliche und Senioren kann man sich wenigstens verlassen: Die einen missachten in der S-Bahn konsequent das Rauchverbot, die anderen weisen sie zurecht. Mittvierziger sind hingegen völlig unberechenbar. Mit oder ohne Zigarette im Mund pöbeln sie in gewohnt besserwisserischer Manier Jugendliche und Rentner an, ob diese rauchen oder nicht: Es geht ihnen ausschließlich ums Prinzip – welches das allerdings sein soll, wissen sie selber nicht. Das Ganze nennen sie dann »locker, selbsterfahren und mit sich im Reinen«, dabei handelt es sich bloß um boshafte Ausbrüche aus dem eigenen Gescheitertsein, befeuert von einer aggressiv-uneinsichtigen Spielart des Alkoholismus.

In seinem selbstgerechten Starrsinn versucht sich der Mittvierziger an der Quadratur des Kreises: Er will die Weisheit mit Löffeln gefressen haben und zugleich jung sein, dabei trifft keines von beidem zu. Unterschwellig mischt sich die Trauer um den Verlust von Jugend, Potenz und Neugier mit dem Frust, wie lange es auf der anderen Seite noch bis zur Verrentung dauert – der offiziellen äußeren Verrentung, die innere hat er längst erreicht. Bevor er mit fünfzig endlich Antiquar wird, gibt es für ihn nur einen einzigen denkbaren Beruf: Taxifahrer. Darum dreht sich auch in der »Freizeit«, wie er das rituelle frühmorgendliche Besäufnis nach Feierabend nennt, jede Unterhaltung

mit seinesgleichen. Die Sätze beginnen meist mit
»Stand ich neulich am Bahnhof Zoo ...« oder »Ist mir
doch an der Halte ›Yorck/Mehring‹ letztens so ein Typ
eingestiegen ...«

In ihrer ehemaligen Studentenkneipe hecken die
Mittvierziger an klobigen Holztischen aus, wie sie alle
anderen nerven können. Nur mit Hilfe der parallel
mitalternden Klientel hat die verrauchte Kaschemme
überlebt. Das Licht ist so schummrig, dass keiner beim
Anblick seines Gegenübers an sein eigenes düsteres
Schicksal erinnert wird. Nur der zunehmende Geruch
von langsamem Zerfall gemahnt unerbittlich an die
Vergänglichkeit von Raum und Zeit und Mensch, wenn
man den letzteren euphemistischen Sammelbegriff
auf den Mittvierziger überhaupt anwenden möchte.

Kein Stuhl wurde in den vergangenen fünfundzwanzig Jahren umgestellt, so haben sie es am liebsten, obwohl sie stets betonen, sie seien weltoffen und
tolerant. Sie sind nichts dergleichen. Mit einschlä-
fernder Penetranz labern sie einander voll: Was für
tolle Scheiben sie bei E-Bay ersteigert haben oder
hornalte Taxi-Schoten, die so langweilig sind, dass sie
noch vor Verlassen des Mundes vom Sprecher selbst
vergessen werden. Eine Art breiige Bräsigkeit ver-
kleistert die gesamte Atmosphäre. In einem fort ver-
sichern sie einander, in welch wunderbarem Alter sie
sich doch befinden, und merken gar nicht, dass sie nun
schon seit einer Stunde Krankengeschichten erzählen – die ersten Freunde sind bereits gestorben: Lunge,
Leber, Regionalexpress.

Verirren sich einmal versehentlich junge Leute herein, starren die Mittvierziger sie ungeniert an. Die
Mixtur aus spöttischer Arroganz und verzweifelter

Sehnsucht macht ihre verbrauchten Visagen noch hässlicher, als sie ohnehin schon sind. Vieles entgleitet ihnen inzwischen; vegetative Funktionsstörungen häufen sich: Sie lassen dem Mittvierziger beim Anblick eines eintretenden Mädchens selbstvergessen den Speichel ins Bierglas tropfen und gaukeln seinem zauseligen Hirn unter den angegrauten wirren Strähnen das wahnhaft verzerrte Selbstbild eines attraktiven Mannes im besten Alter vor.

Lassen wir an dieser Stelle mal die Betroffene Lara B., 27, zu Wort kommen: »Wir wollten vor der Vernissage von diesem New Yorker Acidpowerpaintingperformer nur mal schnell auf eine Flavoured Latte Bionade mit Red Bull Mate in diese vermeintlich typische Kreuzberger Kneipe rein und sehen drinnen erst, dass das wohl so eine Art Aufwärmstube für Obdachlose ist. Ich hör Till noch flüstern: ›Lass uns sofort verschwinden‹, da glotzt mir schon so ein Lederwestenpenner volles Rohr auf die Titten. Und dann quatscht er mich auch noch mit ›Hallo, Süße‹ an, wobei ihm fast die vorsintflutlichen Kronen aus dem Maul fallen – was für ein widerwärtiger alter Bock!« Auch ihrem jungen Freund, Till Y., 29, der ihr mutig zu Hilfe eilte, um den Mittvierziger zur Rede zu stellen, steht der Schreck noch ins Gesicht geschrieben: »Ich hab ihn ganz ruhig gebeten, das zu unterlassen. Daraufhin hat er nur überheblich gelacht und mich gefragt, wie alt ich überhaupt sei. Und irgendwas von einem gewissen ›Deep Purple‹ gelallt, mich von oben herab geduzt, als wäre ich sein kleiner Bruder, und danach stundenlang mit diffusem Kram zugetextet, ich hab nur ›Kiffen‹, ›Rufsäule‹, ›Nacktbaden‹ und ›Leberwerte‹ verstanden – es war entsetzlich! Bin mir sicher, dass das Taxifahrer waren, doch wo waren dann die Autos? Ich kann das Erlebnis noch immer nicht richtig einordnen. An den Wochenenden bleibe ich jetzt meistens zu Hause. Selbst vor dem Nachtbus habe ich Angst. Einschlafen ohne Tabletten geht im Grunde gar nicht mehr.«

Während junge Leute in WGs leben und Senioren im Seniorenheim, wohnen die Mittvierziger allein. Angeblich wegen ihres ach so unabhängigen Charakters, dabei kann sie einfach keiner lange ertragen. So schaukelt sich nahezu ungehindert ein explosives Gemisch aus Langeweile, Nutzlosigkeit und Dogmatismus hoch, welches mittelfristig das gesamte Land lahmlegen und das gesellschaftliche Klima vergiften wird. Zum Glück hat die Politik das Gefahrenpotential erkannt und ist willens, gegenzusteuern: So sind erste Sanktionen im Gespräch, wie die Beschlagnahmung verstaubter Berge psychedelischer Vinyl-Platten, Massenabschiebungen nach La Gomera oder Lüchow-Dannenberg sowie die Errichtung von Umerziehungslagern, in denen klobige Holztische, Taxifahrergespräche und Selbstgedrehte verboten sind. Darüber hinaus empfiehlt sich, die Verlängerung des P-Scheins an eine Messung der Gehirnströme zu koppeln. Doch leider scheitert die Durchsetzung all dieser erfolgversprechenden Maßnahmen bislang vor allem am Widerstand der Grünen.

Feierabend

Um halb drei bin ich auf einmal wieder hellwach. Ich zünde mir eine Zigarette an, nehme einen tiefen Zug und huste hart. Seit Jahren lagert sich Teerschicht auf Teerschicht in meiner Lunge ab: Pleistozän, Brockozän, Verkleistozän. Eines fernen Tages dürfte das Sediment nützliche Dienste beim Bau von Straßen leisten, über die zukünftige Taxifahrergenerationen mit atombetriebenen Spacedroschken fegen.

Gleich morgen höre ich auf zu rauchen. Ich höre auch mit dem Trinken auf. Nachher eventuell noch ein allerletztes Mal in die »Rattenbar« zu den Kollegen, den letzten Schluck des Feierabendbiers bewusst so lange im Mund behalten, bis er von selbst verdunstet, dann umdrehen, leise sagen: »Gute Nacht Freunde – das war's« und gehen, ohne einen Blick zurückzuwerfen.

Am Taxihalteplatz kann man hervorragend nachdenken. Oft bleibt man stundenlang ungestört. Ich werde mir einen Beruf suchen, ihn erlernen und ausüben. Morgens aufstehen, zur Arbeit gehen und abends ins Bett. Licht aus. Schnarchpüh. Dann Rente und abschließend Tod. Oder umgekehrt. Wäre das nicht klasse, wäre das nicht toll?

Nein. Noch eine Zigarette.

Halb vier. Genug nachgedacht. Wie lange habe ich eigentlich schon keinen Fahrgast mehr gehabt? Obwohl ich Fahrgäste nicht leiden kann, schmerzt mich nun ihr Fehlen. Von irgendwas muss ich doch später mein Bier bezahlen und das Zeug gegen die Müdigkeit. Fahrgäste sind nun mal ein notwendiges Übel, auf den ersten Blick schwer zu akzeptieren wie die Amputation eines von Wundbrand befallenen Gliedes, doch ebenso überlebenswichtig.

Aus der Richtung des »Scheißhauses« nähern sich zwei schwankende Gestalten langsam dem Taxistand. Der eine übergibt sich auf den Radweg. Der andere pinkelt erst Muster ins Erbrochene, beschimpft anschließend eine Straßenlaterne in rau bellendem Ton und versetzt ihr einen kräftigen Fußtritt. Das muss weh getan haben. Wütend schreit er auf und zerschmettert seine Bierpulle an der nächsten Hauswand.

Im vierten Stock geht das Licht an, ein Fenster wird geöffnet und Unverständliches heruntergeblökt. Die Zecher schreien zurück. Schwerpunktmäßig scheint sich die Diskussion darum zu drehen, wer wen »in den Arsch ficken« solle und wer, soweit noch nicht vollzogen, wessen Mutter und Schwester zu beschlafen plane. Pikiert schnalze ich mit der Zunge. Ich selber spreche mit Fremden nur ungern über vergleichbar intime Angelegenheiten, und in diesem Ton schon gar nicht. Das Gebrüll ebbt ab. Der Pinkler fuchtelt mit einer großen Pistole in der Luft herum, und das Fenster wird zügig geschlossen. Das Gespräch scheint beendet.

Unaufhaltsam kommen die Herren näher. Im Schein der Straßenbeleuchtung kann ich ihre Gesichter inzwischen gut erkennen, blaugrüne Landschaften aus bizarr hingepfuschten Tätowierungen. Dem einen läuft Blut aus einer frischen Platzwunde an der rechten Augenbraue, eine Folge des gewagten Versuchs, der feindseligen Laterne mit einem abschließenden Kopfstoß den Garaus zu machen. Roh brüllend schütteln sie die Fäuste. Schnell verstehe ich – sie meinen mich. Es gibt keinen Zweifel mehr: Das sind Fahrgäste!

Vor Panik bin ich wie gelähmt. Die rettende Zentralverriegelung befindet sich nur Zentimeter neben meinem linken Oberarm, doch in diesem Moment erscheint sie mir Tausende Meilen weit entfernt, hinter einem Meer und hinter hohen Bergen. Würde ich das Meer jemals wiedersehen? Und die Berge?

Die Fußgängerampel zeigt Rot, die Männer überqueren die Straße. Ein Polizeiauto hält mit quietschenden Reifen, lässt die beiden vorbei und macht, dass es fortkommt. Sie wanken auf den Stand zu. Bloß nicht, lieber warte ich noch zwei Stunden länger auf Kundschaft! Geistesgegenwärtig schließe ich die Augen, lasse die Zunge weit heraushängen und stelle mich tot, bis ich die Kerle im Rückspiegel in den an zweiter Position stehenden Kombi der blonden Theologiestudentin von Kant-Taxi steigen sehe.

Sie tut mir leid, aber das sind nun mal die Schattenseiten unseres Berufs, neben dem katastrophalen Verdienst, dem Unfallrisiko, der Einsamkeit, den Psychopathen, den Besserwissern, dem Partyvolk, dem Kaffee, dem Nikotin, dem Alkohol, den Abgasen, dem Fast Food, den Rückenschmerzen, den Depressionen, der Erschöpfung, den illoyalen und faschistoiden Kollegen, den unfreundlichen und willkürlichen Vermittlern, der heimtückischen Verkehrspolizei, den quengelnden Chefs, den überraschenden Bordsteinkanten, der Straßenglätte, den sinnlosen Einbahnstraßen, den Baustellen, den Ampeln, den Verkehrsrowdys, den Sonntagsfahrern, der BVG, den Fußgängern, den Rad-

fahrern, der Ferienzeit, der Nachferienzeit, Wichtig-
meierclubs wie dem »Stalingrad 90« und Taxifahrer-
endlagerstätten wie der »Rattenbar«. Schon ehe sie
von hinten an mir vorbeigezogen ist, glaube ich auszumachen, wie im Inneren ihres Wagens die ersten Teile
abgebaut werden.

Um vier Uhr morgens gebe ich das Warten auf und
verlasse unbesetzt den Taxistand. Als ich etwa einen
Kilometer von meinem Fahrrad entfernt endlich einen
Parkplatz finde, befällt mich bleierne Müdigkeit.
Kaum vermag ich mich auf den Abschreiber zu kon-
zentrieren.

Ich errechne achtzig Euro Umsatz. Etwa ein Drittel
davon ist mein Nettolohn. Vor Steuern zwar, doch zum
Glück verdiene ich derart schlecht, dass ich keine bezahlen muss – so hat also auch dies sein Gutes. Sie-
benundzwanzig Euro sind folglich für mich. Von siebzehn Uhr bis vier Uhr morgens habe ich gearbeitet,
das macht elf Stunden, was wiederum einen Stundenlohn von ungefähr zwei Euro fünfundvierzig ergibt, oder besser gesagt ergäbe, hätte ich nicht am
Mehringdamm den Blitzer übersehen. Abzüglich der
Toleranz sollte ich mit dreißig Euro vergleichsweise
glimpflich davonkommen. Ziehe ich diesen Betrag von
meinem Verdienst ab, so bleibt ein Minus von drei Euro
übrig, woraus sich ein Stundenlohn von circa sieben-
undzwanzig Cent unter null errechnet. Doch auch
diese Medaille besitzt zwei Seiten: Da ich nämlich elf
Stunden gearbeitet habe, sich das Minus somit auf
eine hohe Zahl von Stunden verteilt, bleibt auch der
Stundenlohn relativ »hoch«. Hätte ich stattdessen nur
zwei Stunden gearbeitet, ginge ich nun mit minus
anderthalb Euro die Stunde nach Hause: eine weitaus

schlechtere Bilanz! Da sage noch einer, Fleiß lohne sich nicht.

Zufrieden setze ich meine Unterschrift unter den Zettel, räume meine Sachen in den Rucksack und verschließe das Auto. Schlüsselreize, die erneut die Lebensgeister wecken und den Durst! Als ich das Schloss meines Fahrrads öffnen will, sehe ich, dass mir jemand eine tote Taube auf den Gepäckträger geklemmt hat. Aus einer latent destruktiven Laune heraus finde ich Gefallen an der morbiden Installation und lasse sie drauf. Dann mache ich mich auf den Weg zur nur wenige Hundert Meter entfernten »Rattenbar«.

Als ich das Rad vor der Bar an einen Baum lehne, öffnet sich die Tür, ein Mann torkelt heraus, stolpert und schlägt direkt zu meinen Füßen der Länge nach aufs Trottoir. Vom Sturz unbeeindruckt, nimmt er übergangslos die Nachtruhe auf und schnarcht, die harten Gehwegplatten als Kopfkissen nutzend, friedvoll vor sich hin.

Ich sehe ihn mir näher an: Seine geschlossene Faust umgreift ein Büschel langer blonder Haare. In seiner äußeren Jackentasche steckt ein demolierter Aschenbecher, der aus der hinteren Tür eines Taxis stammen dürfte. Und gleich neben seinem Gesäß liegt seine Brieftasche, aus der, weitgehend freigelegt, ein Fünfzigeuroschein lugt – was für ein erotischer Anblick! Doch als ich mich bücke und danach greifen will, zucke ich zusammen. Am tätowierten Gesicht des Schläfers erkenne ich den Fahrgast, der vorhin in das Taxi hinter mir gestiegen ist. Aber zum Glück haben sich die Rahmenbedingungen seither geändert: Hier draußen vor der »Rattenbar« gibt es nur uns zwei und nicht mehr mich alleine gegen ihn und seinen Kumpel. Dies ist mein Heimspiel. Zur Not könnte ich jederzeit wegrennen und er nicht mal krabbeln. Vorher war dienstlich, jetzt ist privat. Ich ziehe ihm den Fünfziger aus der Tasche.

Als ich die »Rattenbar« betrete, pralle ich förmlich gegen eine Wand aus THC-geschwängertem Zigarettenqualm, Bierdunst und Uringestank. Die Toiletten im Keller sind wie stets um diese Uhrzeit übergelaufen. Im Grunde müsste man am Tresen Gummistiefel ausgeben. Ich taste mich durch den Nebel und wedele mit dem frisch erworbenen Geldschein. »Hey«, rufe ich, »jemand da? Ich geb einen aus!«

Das leise Klagelied
der Straße

Es ist für mich immer ein komisches Gefühl, die eigenen Kollegen aus der Fahrgastperspektive zu erleben. Ich sitze dann stets wie auf heißen Kohlen, weiß ich doch nur zu gut, welch unglaubliche Belastung jede einzelne Arbeitssekunde für den Fahrer darstellt. Bereits der kleinste Fehler meinerseits kann eine Katastrophe auslösen: Dann fängt der Taxifahrer nämlich an zu sprechen, und wenn ein Taxifahrer anfängt zu sprechen, dann fängt er an zu jammern. Und wenn er anfängt zu jammern, dann hört er nicht wieder auf.

Wenn ich selber arbeite und Taxi fahre, pflege ich zu schweigen: Bestimmt wollen die Leute ihre Ruhe haben. Zweitens habe ich keine Lust, mich mit Menschen zu unterhalten, für die Vokabeln wie »Bitte«, »Danke« und »Guten Tag« nichts als verhasste Kampfbegriffe aus den unwiederbringlichen Zeiten des Solidarprinzips sind. Drittens bin ich weder Gesprächstherapeut noch Friseur.

Bekannte von mir erzählen genau dasselbe: Zunächst schweigt er, der Herr Taxifahrer. Doch sobald man ihn anspricht, legt er alle Hemmungen ab. Ein »Guten Tag« reicht meistens schon. Vielleicht ist diese Floskel auch aus Selbstschutz verschwunden, denn für den Fahrer ist sie wie ein Signal: In seinem Kopf beginnt ein orangefarbenes Licht zu kreiseln und zu blinken, und ein markerschütterndes Tuten ertönt: Tut! Tuut! Achtung! Der Kunde will unterhalten werden!

Der harmlose Gruß erschüttert den Staudamm des Schweigens, der wie aus dem Nichts plötzlich bricht und mit einem Schwall aus Unzufriedenheit, Gejammer und Nörgelei den Kunden überflutet. Wie ein Sturzbach strömt es aus ihm, dem Taxifahrer, heraus, als hänge man ein Schwein mit dem Kopf nach unten an einem Fleischerhaken auf und schnitte ihm die Kehle durch: das schlechte Wetter, das schlechte Geschäft, die schlechten Ausländer (übrigens auch bei ausländischen Fahrern!), die schlechte Politik, die schlechten Zeiten – ein Lied mit den immergleichen fünf Strophen, den »Essentials«, wie man im Kutscherjargon sagt, denn exakt nach ihnen wurde die in Berlin bekannte »Kurzstrecke« bemessen. Wem es bei der Taxiprüfung nicht gelingt, die Essentials innerhalb von zwei Kilometern vollständig abzuhandeln, gilt als durchgefallen.

Weibliche Bekannte erzählen hingegen mitunter von Annäherungsversuchen einsamer Taxifahrer. Teile ich mir mit einer Freundin ein Taxi und steige unterwegs aus, berichtet sie mir am nächsten Tag garantiert, wie gesprächig der bis dahin stille Gesell plötzlich wurde. Nicht sehr geschickt in einer Branche, die zum Teil davon lebt, dass Frauen nachts gerne unbelästigt nach Hause wollen.

Doch oft handelt es sich nur um ein dummes Missverständnis: Vielleicht hat die Dame ja »Guten Abend« gesagt oder »Jetzt bitte noch weiter geradeaus in Richtung ...« Vollkommen logisch, dass der Taxifahrer zwangsläufig den Eindruck bekommen muss, die Braut warte in ihrem Innersten eigentlich nur darauf, weil sie so einsam ist wie er, der Taxifahrer. O Gott, o Mann, o Scheiße, wie ist er einsam! Das ist zwar erst die sechste Strophe, kommt somit aber immerhin direkt nach den Essentials und ist für Fräuleintransporte ab sechs Euro aufwärts ebenfalls obligatorisch.

Ich selber halte mich diesbezüglich lieber zurück: Der Starke ist nun mal am mächtigsten allein.

Einmal ist keinmal

Die beiden jungen Araber wirken freundlich und entspannt. Selbstverständlich bescheide ich ihre höfliche
Nachfrage, ob das Rauchen erlaubt sei, positiv.

Der Duft, der kurz darauf die Taxe durchzieht, ist
atemberaubend. Das muss ein ganz exzellenter Stoff
sein! Möglicherweise handelt es sich ja um roten Libanesen vom Libanesen persönlich? Das wäre wie roter
Wein direkt vom Franzosen, rotes Pesto vom Italiener,
dunkle Kellerwohnungen vom Österreicher. Klar, dass
ich da das nette Angebot der Herren, von der Spezia-
lität einmal zu kosten, nicht ablehne. Auch möchte ich
keinesfalls die Gastlichkeit dieser großzügigen und
feinen Menschen beleidigen.

Man reicht mir von der Rückbank den Joint nach
vorne, und ich nehme einen tiefen Zug. Was soll schon
passieren, dank unserer intensiven Feierabendkultur
bin ich alles andere als untrainiert.

»Noch einen?«

Einmal ist keinmal, denke ich beim zweiten Zug, also
ist zweimal praktisch zweimal keinmal. Und zweimal
keinmal ist somit einmal keinmal, ist folglich keinmal
keinmal, ist letztlich keinmal. So denke ich und spüre
bereits, dass diese rückwärtsgerichtete Spiralform des
Denkens nicht das allerbeste Zeichen ist.

In Wilmersdorf steigen die Herren wieder aus. »Ich
glaube, du arbeitest heute nicht mehr«, sagt einer der
beiden zum Abschied.

Wie meint er das bloß?, grüble ich auf der Weiterfahrt. Es ist erst zehn Uhr abends. Bis drei, vier Uhr morgens fahre ich auf jeden Fall noch. Ich kurve durch eine Stadt, die mir immer fremder wird – von Sekunde zu Sekunde oder von Minute zu Stunde, ich kann diese für meinen Geschmack ohnehin recht beliebig gewählten Zeiteinheiten gerade sehr schlecht auseinanderhalten. Mein Kopf beginnt sich vom Hals zu lösen und droht, durch das offene Schiebedach davonzufliegen. So rase ich also durch die laue Sommernacht, ein Blick auf den Tacho sagt mir hingegen, dass ich dreißig fahre. Mit eiserner Disziplin zwinge ich mich, das Gaspedal wenigstens eine Winzigkeit weiter durchzudrücken, um nicht allzu sehr aufzufallen. Die Polizei wäre bei meinem Anblick bestimmt traurig und böse. Und bloß keinen Fahrgast jetzt! Wo bin ich überhaupt?

Ich weiß schlichtweg nicht, wo ich mich befinde. Kurzzeitig wird mir himmelangst, doch indem ich mir mit einer Gewaltanstrengung die Ursache meines Zustands ins Resthirn zurückrufe, gelingt es mir, mich zu entspannen: Im Ergebnis ist es doch egal, wo ich bin. Überall und nirgends. Flieg, kleiner Zauberuli, flieg, du bist frei! In einer Stadt kann man nicht verlorengehen. Ich werde einfach weiter ziellos umherfahren, stundenlang, sekundenlang, tagelang, bis der Sprit ausgeht, ich langsam ausrolle und einschlafe oder aussteige und den Weg zu Fuß fortsetze. Überallhin und nirgends. Auf die Idee, an die Seite zu fahren und anzuhalten, komme ich nicht.

Dafür lächle ich. Ich sehe mich sogar selber lächeln, von innen heraus sehe ich mich lächeln, ich bin ein Lächeln. Ich bin ein sehr breites Lächeln, das fährt.

Blinker links, Lächeln links, Blinker rechts, Lächeln rechts – das läuft wie geschmiert. Fast wünsche ich mir nun, geblitzt zu werden, polizeifotografiert, so ein Bild hätte ich gern, das sähe so schön aus, so unheimlich schön. Für einen Radarblitz bin und bleibe ich natürlich viel zu langsam. Ab und zu überholt mich hupend ein Auto. Die Fahrer glotzen mich genervt an und tippen sich an die Stirn. Entspannt winke ich zurück und lächle freundlich: Sie haben es auch nicht leicht, die Menschen da draußen in dunkler Nacht.

Nein, für das Foto müsste ich schon an einer roten Ampel geblitzt werden. Die Chancen stehen gut. Ich habe nicht das Gefühl, noch allzu empfänglich zu sein für marginale Farbnuancen wie Rot oder Grün. Auch links und rechts, oben und unten, vorne und hinten, einmal und keinmal haben sich in einer freundlichen Suppe der Beliebigkeit aufgelöst.

Als ich an einer grünen Ampel warte, springt mir, ohne dass ich das mit meiner extrem verlangsamten Reaktionszeit verhindern kann, eine fremde Person ins Auto. Mein Finger zuckt noch nicht mal zur rettenden Zentralverriegelung, da hat der Eindringling längst unmotiviert eine Art Straßennamen in unsere kleine gemütliche Runde geblafft.

»Ja …?«, frage ich scheu. Die Anwesenheit des Fremden verunsichert mich kolossal. Was macht er hier?

»Ich habe gesagt: In die Reuterstraße!«

Aha. In die Reuterstraße also. Ich habe mich nicht getäuscht, es war tatsächlich ein Straßenname. *Reuterstraße, Reuterstraße*, echot es in meinem Kopf. »Reuterstraße«, wiederhole ich, ohne den Sinn komplett zu erfassen, aber kommt es darauf an? Ein sehr schönes Wort in jedem Fall, vom Klang her irgendwie rund und eckig und rund zugleich: »Reuterstraße.« Ich mache keine Anstalten loszufahren, obwohl die Ampel inzwischen Rot zeigt.

»Was ist denn mit Ihnen los?«

»Los?« Das Wort löst einen vegetativen Reflex in mir aus, und wir setzen uns langsam in Bewegung. Doch die Sache gefällt mir nicht. Er gibt mir die Richtung an, und aus unerfindlichen Gründen folge ich willenlos, ein Konzept, dem ich persönlich keine große Zukunft weissage. Deshalb halte ich nach nur wenigen Metern wieder. »Ich glaube, ich kann das nicht«, murmle ich leise.

»Sie können mich nicht fahren?«

Ich nicke stumm. Um mein Bedauern zu unterstreichen, zeige ich ihm mein schönstes Lächeln.

»Na dann ...« Er schüttelt den Kopf, steigt aus und schüttelt den Kopf erneut. Erleichtert atme ich auf. Als er sich vom Auto entfernt, sehe ich, dass er sich noch einmal umdreht und den Zeigefinger an die Schläfe tippt.

Freundlich winke ich zurück.

Reine Seelen

Wie so oft warte ich in meinem Taxi vor der Columbia-Halle auf das Ende eines Konzertes. Frappierend, wie kleine Details im Umfeld eines jeden Konzertes deutliche Rückschlüsse auf das Publikum und die jeweiligen Künstler zulassen: So bestätigen etwa die zahlreichen und in ihren Autos vor der Halle wartenden Erwachsenen meinen Verdacht, dass es sich beim Publikum um eine recht junge Zielgruppe handelt. Jegliche Rücksichtnahme auf andere Verkehrsteilnehmer ist von der Sorge um die eigenen Kampfküken überlagert. Es herrscht ein gewaltiges Chaos: Geparkt wird in zweiter, dritter, vierter Reihe – schließlich waren die Alten früher ja mal Punks. Vor mir scheucht ein Polizist eine Mutter mit ihrem Kleinwagen aus der Taxihalte. Ihr Blick verrät, was die eingestaubte Anarchoseele denkt: »Bullenschweine, imperialistisches Straßenverkehrsordnungs-Schweinesystem, Parkstreifen fürs Volk ...«

Man muss diese Eltern verstehen. Sie sind ungeduldig, es ist spät, die lieben Kleinen müssten eigentlich längst zu Hause sein. Aber jetzt stehen die Kiddies noch dicht an dicht in der Halle, vorne auf der Bühne der große Star, ein junger Mann, er lächelt sympathisch: Bushido.

Ein harmloses Vergnügen für liebe Schulkinder. Selbst seine berühmteste Textzeile »*Ihr Tunten werdet vergast*« hat der Gangster-Rapper, der am liebsten in seinem Lichtenrader Vorgarten Gemüsespieße grillt, allein um des lieben Friedens willen geändert. Er mag keinen Stress, und er mag keine Opfer: »*Ihr seid ein Haufen Opfer/ein Haufen Opfer, das man grade frisch ausgekotzt hat ...*« Wie sagt doch gleich der Volksmund? »Wo man singt, da lass dich ruhig nieder.« Vor meinem geistigen Auge sehe ich die Kids vor der großen Bühne stehen. Und alle singen begeistert mit: »*Ihr seid behindert, ich fick dich und deine Kinder, wenn du denkst, es wird nicht schlimmer, schlachten wir euch Toys wie Kinder*« – was für ein großartiges Gemeinschaftserlebnis!

Gleich öffnen sich die Tore, und sie strömen heraus – aufgekratzt, mit roten Bäckchen und heiser geschrien beim lustigen Lied übers Opferklatschen im Park. Ganz schnell geht es nun nach Hause, denn morgen früh ist wieder Schule, Geschichte, Drittes Reich, tausendjähriges Tuntenvergasen. Papa brummt gutmütig. Um einem Strafzettel zu entgehen, ist er seit einer Stunde ohne Pause um den Block gekurvt. Zu Hause gibt es noch ein Glas Milch, anschließend werden die Zähne geputzt, und dann geht's ab ins Bett. Während die Mama die Decke liebevoll hochzieht bis unters Kinn, summt der kleine Junge schon halb im Schlaf mit verträumter Stimme: »*Ihr wollt Romantik. Ich ficke mit der Faust. Ich mag es, wenn du weinst, komm Nutte bounce!*« Nachsichtig lächelnd gibt sie ihm einen Kuss auf die Stirn, bevor sie sich in der Tür noch einmal kurz umdreht: »Schlaf gut. Und hab keine Angst – ich lass die Tür wie immer einen Spalt offen!« Dann macht sie das Licht aus.

In mein Taxi steigen derweil drei Adoleszenten ein, zwei junge Männer und eine junge Frau. Dafür, dass sie frisch aus einem Hip-Hop-Konzert gekommen sind, wirken sie geradezu steril. Im Auto riecht es weder nach Schweiß noch nach Alkohol. Stattdessen nach Niveaseife und Wohlerzogenheit. Schüchtern geben sie ihre Zieladresse an, während der Fahrt schweigen sie höflich. Sie wirken fast fromm. Ganz gewiss hämmert es in ihren Köpfen in einem fort: *»Keiner von euch Homos ist was wert, hier kannst du den Bordstein fressen, ich mach dich Spast kaputt ...«*, doch man sieht es ihnen nicht an. Still sind sie, entrückt; im Radio suche ich einen Klassiksender.

Wir erreichen eine Pension für anständige junge Leute. Das Mädchen lächelt mich an; es ist das milde und klare Lächeln einer Jungfrau. Niemals würde Bushido über sie auch nur denken, was er im Interview über Paris Hilton gesagt hat: »Ah, Mann, die ist einfach so'n dummes Stück Fleisch, da bin ich echt Sexist. Ich hätte die einfach gerne für den Geschlechtsakt: erniedrigen und dann tschüss.« Lächelnd gibt sie mir zehn Cent Trinkgeld. Die Lämmchen des Herrn bedanken sich artig. Sanft summend ziehen sie von dannen. Sie sind reine Seelen und kommen vom Bushido-Konzert.

Da sieht man einmal mehr, dass das alles nur ein einziges grandioses Missverständnis ist. Stichwort Mitmenschlichkeit. Es kommt doch überhaupt nicht darauf an, was irgendjemand vor sich hin labert, wenn der Tag lang ist, sondern allein auf die Taten. Zum Beispiel, wie freundlich derjenige, ob nun Bushido oder Bruno Ganz, zu seiner Sekretärin ist. Genau das ist etwas, was ich einfach noch lernen muss. »Ey, burn, du Schwuchtel, du Bitch!«, werden jetzt deshalb zu Recht wieder so ein paar Spezialisten einwenden. »Das meint der Künstler doch alles total ironisch.« Ich auch, liebe Spezialisten, ich doch auch!

Die lustigen Witwen

Die vier Frauen aus drei Generationen wirken schon auf den ersten Blick erheblich derangiert: Eine von ihnen stoppt mein Taxi am Kreuzberger Urban-Krankenhaus, indem sie ihren Regenschirm vors Auto wirft. Stammelnd übermittelt sie mir den Wunsch nach einer Taxifahrt zu viert. Eine ihrer Begleiterinnen hüpft wirr im Kreis herum, die zweite steht da wie ein Ölgötze, während sich die dritte erfolglos an meinem Kofferraumdeckel zu schaffen macht.

Ich verlasse das Auto, um die Lage besser überblicken zu können: Zwei große weiße Mülltüten sind zu verstauen. Ich entriegele den Kofferraum und werfe die Säcke lieblos hinein. Die Anführerin mit dem kaputten Schirm hat sich inzwischen gesammelt: »Entschuldigung«, erklärt sie, »wir sind alle ein bisschen durch den Wind. Uns ist gerade jemand gestorben!« Sie wollen nach Köpenick.

»Wo ist das?«, frage ich betroffen. »Ich habe nur den Westen gelernt.« Keine acht Jahre nach dem Mauerfall ist der Ostteil der Stadt für mich noch immer ein Buch mit sieben Siegeln.

»Fahren Sie erst mal los«, rät die Gruppenleiterin und setzt sich auf den Beifahrersitz, »dann zeigen wir's Ihnen.« Die drei anderen quetschen sich auf die Rückbank, und ich trete aufs Gaspedal. Das kann ja heiter werden!

Zunächst schweigen alle betreten, und ich schweige

ebenfalls, dann fängt die Jüngste in der Mitte leise an zu schluchzen, und die Älteste rechts von ihr tut es ihr nach. Die links Sitzende umarmt das Töchterchen in der Mitte, und das Bild, das mir der Innenspiegel vermittelt, erinnert mich an ein Werk von Picasso, bei dem sich zwei graue Säulen aneinanderschmiegen, auf die der in menschlicher Anatomie bekanntermaßen wenig beschlagene Künstler eine willkürlich anmutende Anzahl von Sinnesorganen und darüber ein paar Tränen gepinselt hat: »Zwei Frauen einander umarmend, eine davon sterbend«, lautet der Titel des Bildes, wenn ich mich nicht irre.

Nun, hier stirbt niemand: Gestorben worden war ja schon. Zuvor, woanders, und deshalb gehen mir die Frauen ziemlich schnell auf die Nerven mit ihren Leichenbittermienen, mit ihrem betretenen Geschweige, Herrgott, wir schweigen inzwischen bestimmt schon geschlagene zwei Minuten, ohne dass auch nur einer ein Sterbenswörtchen über die Lippen käme! Ich beschließe, sie ein wenig aufzumuntern, und lege eine Musikkassette ein: »The Dark Killers of Deadly Nursery«. »Wwwhhooarrggh, kill, kill …«, summe ich ein wenig den Text mit. Keine Reaktion, doch halt: Sie verkneifen den Mund noch ein bisschen mehr. »Na gut, wenn's Ihnen nicht gefällt, einen Trauermarsch habe ich nicht«, murmele ich beleidigt und schalte die Musik wieder aus. Ich habe es schließlich nur gut gemeint! Ein wenig tun sie mir ja auch leid, also versuche ich es anders: »Soll ich mal 'nen Witz erzählen?« Totenstille – ich werte das als Zustimmung.

»Kennse den? Wird ein Mann vom Pfleger zur Kühlhalle geschoben. Sagt der Mann: ›Ich bin doch noch gar nicht tot …‹«

Die junge Frau weint lauter. Ich unterbreche meine Erzählung und betrachte sie aufmerksam im Spiegel: Eigentlich ganz niedlich. Selbst das Weinen kann ihr Gesicht nicht sonderlich entstellen. Ein bisschen jung vielleicht, aber das würde bestimmt noch werden. Was sie jetzt braucht, ist auf jeden Fall ein wenig Ablenkung: »Na, Hübsche – hast du schon 'nen Freund?« Sie weint noch lauter – ich scheine einen neuralgischen Punkt getroffen zu haben: Immer wieder erstaunlich, in welchem Maße meine Menschenkenntnis und entsprechend auch mein Feingefühl von sieben Jahren Taxipraxis profitiert! Die Frau neben mir zischt etwas, das ich mit viel gutem Willen als »Uwe Seeler« identifiziere, was aber ebenso leicht »Unverschämtheit« hätte heißen können. Um ein Haar lasse ich mich zu einem scharfen Tadel hinreißen, belasse es jedoch dabei, dass ich zur Strafe einige Sekunden lang schweige.

In Oberschöneweide habe ich mich längst wieder gefangen und zitiere eine Schlagzeile von der Wissensseite des *Tagesspiegel*: »Nicht das Alter, sondern die Nähe zum Tod treibt Kosten«. In meinem Rücken kreuzen sich verständnislose Blicke. »Ihr seid frei«, gebe ich ihnen dabei doch nur zu verstehen, »endlich frei von dieser entsetzlichen Belastung. Freut euch, das Leben geht weiter, und ihr habt wieder Geld für andere Dinge – zum Beispiel fürs Taxi«, füge ich mit einem Blick aufs Taxameter insgeheim hinzu, denn ich habe noch immer keine Ahnung, ob ich hier überhaupt richtig bin: Eine sterbenslangweilige Gegend, wo sich Fuchs und Hase nachts die Messer zwischen die Rippen stoßen.

In der Ferne tauchen Lichter auf. »Köpenick«, sagt die Chefin.

»Na endlich sagen Sie mal was«, lache ich. »Ich dachte schon, Sie wären tot ... Was? Wie bitte? Wieso denn jetzt schon wieder ›Uwe Seeler‹?« Ich staune nicht schlecht. Prachtvoll, dieses Köpenick. Ein Stück weiter biegen wir in eine Seitenstraße, die die zuvor gesehenen Fassadenattrappen Lügen straft. Ich halte vor einem Friedhof.

»Hier noch nicht«, bremst mich die Großmutter.

»Ach so – ich dachte ...«

Fünfhundert Meter weiter sind wir tatsächlich am Ziel. Das Haus, vor dem die Damen aussteigen, zeigt in Leuchtschrift den Namen »Letzte Runde«. Eine Eckkneipe, oder nein, ein Bestattungsinstitut: Natürlich, dass ich da nicht gleich draufgekommen bin! Die Chefin zahlt und bekommt von mir als kleines Dankeschön noch die Pointe des zuvor begonnenen Sterbewitzes geliefert: »Sagt der Pfleger: ›Wir sind ja auch noch nicht da ...‹«

Spannendes Spandau

Berlin-Spandau, siebzehn Uhr dreißig, meine Birne brennt. Sie ist noch immer wüst und leer vom vorigen Feierabend. Vom Teerbröckchenbelag habe ich kaum die oberste Schicht abgehustet. Zu desillusioniert, um schlecht gelaunt zu sein, stehe ich am Spandauer Hafenplatz bereit. Ein früher Glückstreffer hat mich direkt nach Schichtbeginn hierhergebracht: eine relativ weite Fuhre aus Schöneberg.

Wie stets in Spandau gilt es nun zu pokern: Entweder mache ich mich leer auf den langen Rückweg, oder ich hoffe auf eine vernünftige Quote von kürzeren Touren innerhalb dieses entlegenen Außenbezirks. Eine Fahrt zurück in die Innenstadt zu bekommen ist hingegen so gut wie ausgeschlossen. Der Spandauer bleibt in Spandau.

Ich entscheide mich für die Kleinviehvariante in Spandau, doch bereue ich dies rasch. Kleinvieh ist eben auch Mist: Alles ist wie ausgestorben in diesem Jurassic Havel-Park für Arme; nur ein paar Fliegen schwärmen in der kleinen Grünanlage neben der Taxihalte um eine mausetote Ratte. Wäre ich Spandauer, hinge ich liebend gerne tot über dem Zaun – das scheint mir hier die einzige Methode zu sein, wenigstens als Zierrat eine entfernte Form von Erfüllung zu finden.

Gelangweilt werfe ich sinnlose Blicke aus dem offenen Wagenfenster ins Nichts. Einer davon bleibt an einem jungen Mann hängen, der aus dem Park schlen-

dernd langsam auf mich zusteuert. Sein Gang wirkt
unsicher, mit beiden Händen hält er sich den beacht-
lichen Bauch. Das sieht mir doch ganz nach poten-
tiellem Fahrgast aus. Beschwingt summe ich eine alt-
bekannte Weise: »Dicker fremder Mann, du bist lieb
zu mir/dicker fremder Mann, komm doch her zu
mir/woh, woh-woh-woh-woh ...«

Tatsächlich öffnet er hinten die Tür. Ächzend lässt
er sich im Fond auf den unbequemen Mittelplatz
plumpsen. Eine schwere Pranke landet vorne auf der
Rückenlehne des Beifahrersitzes und die andere, was
ich nicht so gern habe, auf dem Rand der Lehne des
Fahrersitzes, dicht neben meinem Hals.

»Oh, das habe ich hier aber gar nicht so gerne«, sage
ich freundlich.

Anstelle einer Reaktion navigiert er mit dem Stolz
einer werdenden Mutter den gewölbten Bauch zwischen den Sitzen hindurch nach vorne und in mein
Gesichtsfeld hinein. Nur deshalb hat er offenbar diese
Position gewählt: Ich soll seinen Bauch sehen.

Was mag wohl das mentale Gleichgewicht eines
Menschen derart nachhaltig erschüttert haben, wenn
sich in ihm der Wunsch herausbildet, dass der Taxifahrer seine Wampe sehen soll? Die Lösung scheint
ebendieser Bauch zu liefern: Das graue T-Shirt weist
einen dreißig Zentimeter langen Riss mit schmutzig-
rotem Rand auf. Darunter klafft, Ästhetik der Gewalt,
die aufgeschlitzte Schwarte wie eine Schweinehälfte
symmetrisch auseinander. Noch nie zuvor habe ich
einen derart tiefen Einblick in einen meiner Fahrgäste
erhaschen können.

Hässlich sieht das aus. Obwohl ihn sein dickes Fell
geschützt haben muss, so dass die Wunde auf den ers-

ten Blick gefährlicher wirkt, als sie in Wahrheit ist, wird mir flau im Magen. Um 18 Uhr 17 merke ich plötzlich, dass ich noch nicht gefrühstückt habe.

»Was hast du denn da gemacht?«, erkundige ich mich höflich. Ich weiß, dass er genau das gefragt werden möchte.

Er sei »da vorne im Park«, er deutet auf den heruntergekommenen Grünstreifen rechter Hand, mit einem Dealer in Streit geraten, und der habe ihm daraufhin die Klinge quer über den Bauch gezogen, »der Scheiß-Kanake«.

»Oh, solche Wörter höre ich hier aber nicht so gerne«, erweitere ich die Hausordnung. Auch diesmal geht er mit keiner Silbe darauf ein.

»Zum Krankenhaus?«, rate ich kurz.

Er scheint zu überlegen. »Fahr mich am besten in die Lynarstraße«, meint er schließlich. »Ich wollte da noch mal was gucken.«

Ich nicke zustimmend, denn genau dort befindet sich das nächste Krankenhaus.

Auf dem kurzen Weg kommt er erneut auf »die Sache« zu sprechen, wie er sie in gekünstelter Beiläufigkeit nennt. Er ist ein ganz Harter, und dieser Taxifahrer da vorne, so ein mutmaßliches Theologie- oder Algebrastudentlein, das am Abend seine zarten Zwergkaninchenpfoten in Stutenmilch badet, soll ihn dafür bewundern. Angestochen – na und? Macht doch nix. Ist doch nur ein Ritzer.

Zu dumm, dass ich das genauso sehe. So etwas tut nicht mal weh, wenn man wie er unter Schock steht – dazu brauche ich nur in sein kreideweißes Gesicht zu blicken. So verloren, so zerfleddert an Körper, Geist und Seele erinnert er mich an einen jungen Kuckuck, der ausnahmsweise mal an intelligente Vogeleltern geraten ist. Und überhaupt: »Messerstich«, »Dealer« – dass ich nicht lache! Wahrscheinlich ist er beim schwungvollen Onanieren auf der Parkbank mit seinen ungeschnittenen Fingernägeln abgerutscht.

An der Einfahrt zum Krankenhaus bittet er mich zu halten. Er zahlt, steigt aus und steuert die kleine Kneipe schräg gegenüber vom Hospital an. Kostensparend die Anästhesie einleiten, nehme ich an. Ein Vorbild für alle Kassenpatienten.

Deutschland 2006 –
ein Mittelmeerchen

Ich zetere laut, ohne Luft zu holen, denn die brauche ich zum Rauchen. Noch an der Glut der letzten Zigarette zünde ich mir die nächste an und erkläre meinem Fahrgast wild gestikulierend die Stadt.

»Wunderbare Stadt, mein Freund, wunderbares Land, alles wunderbar«, krakeele ich fröhlich und kratze mich zwischendurch ausgiebig am Gemächt. Das Lenkrad rühre ich nicht an, schließlich fährt das Auto sowieso, wohin es will. Wohin der Fahrgast will, habe ich schon vergessen, habe ich es überhaupt jemals gewusst? Seit Stunden schon kurven wir ziellos durch die Stadt: Wir sind in Berlin, im Sommer 2006.

»Entschuldigung«, tönt es vorsichtig vom Beifahrersitz, »ist es noch weit zum Olympiastadion?«

»Ah, zum Olympiastadion!« Mit brüllendem Gelächter schlage ich mir die flache Hand vor den Kopf. »Nein, mein Freund, gar nicht weit, mein Freund!« Allerdings werde ich ihn nicht dorthin bringen. Ich bringe ihn lieber zu Mamma, glaube ich.

Durch das offene Dach wehen unablässig Sambaklänge herein und Kindergeschrei, die Geburtenrate ist seit 2004 um 300 % gestiegen. Mit blaugefrorenen Armen rudere ich lärmend durch die Graupelschauer.

»Ist Ihnen nicht kalt?« Der Fahrgast deutet schaudernd auf mein Hawaiihemd.

»Nein, mein Freund«, lache ich laut. »Gar nicht kalt, mein Freund. Alles wunderbar! Wenn draußen keine

Sonne scheint, mein Freund, dann scheint sie im Herzen! So ist das in Deutschland, mein Freund. So sind wir Deutschen!«

Wir waren nicht immer so. Erst als vor zwei Jahren der damalige Sportminister Otto Schily in Erwartung der Fußball-WM »mehr Optimismus« und vor allem »südländisches Naturell« bei seinen Untertanen einforderte, ging auf einmal ein Ruck oder vielmehr ein Groove durchs Land, der freilich auch seinen Urheber hinwegfegte. Seitdem hält keine Regierung länger als zwei Wochen durch. Abwechselnd regieren Kommunisten, drusische Freischärler oder die rechtsextreme Liga Ost – Korruption, Wankelmut und die allgegenwärtige Kartoffelmafia prägen Staat und Politik gleichermaßen.

Laut hupend fahre ich bei Rot mitten auf die Kreuzung, um dort abrupt zu stoppen und sie gründlich zu verstopfen. Auch alle anderen haben Rot, und gleichzeitig haben wir Grün. Wie das geht? In Deutschland geht alles, wir sind wahre Meister der Improvisation. »Alles geht, wunderbar, mein Freund«, schreie ich den Fahrgast an, der sich ängstlich die Ohren zuhält. Links und rechts von uns werden aus Eselskarren Melonen verkauft, in der Ferne stampft der Muezzin Flamenco-Rhythmen vom Dach einer Amselbraterei. Auf einer Leine, die zwischen Fernsehturm und Rotem Rathaus gespannt ist, flattert die Wäsche des ganzen Viertels im Wind. »Malaka!«, schreie ich los, als ich meinen Kollegen Hans-Luigi entdecke. »Kurwa! Cazzo!« Wir drücken beide minutenlang die Hupe, dann springen wir aus dem Auto und aufeinander zu, küssen uns je fünfzehnmal auf die linke und die rechte Wange, lachen, schwatzen – wir haben uns bestimmt seit einer halben Stunde nicht gesehen! »Was geht, Ulino, mein Freund?«, fragt Hans-Luigi. »Come stai?«

»Wunderbar, Hans-Luigi, mein Freund, alles wunderbar«, schreie ich ihn an, »ich habe sogar einen Fahrgast«, erinnere ich mich nun. Er hat auch einen Fahrgast. Gegenseitig zeigen wir uns unsere Fahrgäste, wir schreien und lachen.

»Wo will dein Fahrgast hin?«

»Habe ich vergessen!«

»Ich auch, wunderbar!«

»Wunderbar, ganz wunderbar, mein Freund!«

Wir verabreden uns für später im Café, oder auch für morgen. Mañana, egal. Irgendwo fallen Schüsse, der Stau löst sich auf, alles ist wunderbar.

»Wo kommst du her, mein Freund?«, frage ich den Fahrgast, als wir weiterfahren. »Aus Albanien? Caramba! Wunderbares Land, mein Freund! Ich habe in Dingsda studiert«, lüge ich munter drauflos. »Sehr ordentliche, sehr fleißige Leute. Aber nicht so fröhlich wie wir Deutschen«, schränke ich bedauernd ein. »Ihr müsst die Sonne in eure Herzen lassen, mein Freund!«

Schließlich halte ich vor dem Haus, wo ich wohne: »Jetzt zeige ich dir meine Mamma.«

»Das ist nicht das Olympiastadion«, beschwert sich der Albaner.

Plötzliche Stille.

Quälend langsam verstreichen die Sekunden.

Dann endlich ein Geräusch – das Aufschnappen meines Messers. »WAS HAST DU GEGEN MEINE MAMMA???«, funkle ich ihn an. »SPRICH, DU HUND, DU HURENSOHN, DU AUSWURF EINES RÄUDIGEN KAMELS!!!!« Verächtlich spucke ich aus.

Der Hund ist blass geworden. Er winselt, das sei alles nur ein Missverständnis.

»Alles ist gut, mein Freund«, lache ich, ich bin nicht nachtragend. »Du wirst sehen: Mamma macht die beste Weißwurstpaella auf der ganzen Welt, Mamma ist die beste Mamma auf der ganzen Welt, Mamma ist wunderbar!« Überschwänglich herze und küsse ich ihn, vergesse dabei die brennende Zigarette. »Hoppla, mein Freund«, scherze ich, »das sind Wunden der Liebe!«

Oben in unserer Einzimmerwohnung bei Mamma, den zwölf Geschwistern und der phantastischen Paella vergisst unser Gast schließlich seine doofe WM.

Berufsdeformiert

Es ist wie verhext. Sobald ich mich hinter das Steuer meiner Taxe setze, geht eine merkwürdige Veränderung mit mir vonstatten: Im Nu verpuppe ich mich in einen Zustand körperlicher und geistiger Untersetztheit. Der Kopf sackt zwischen die nach vorn gefallenen Schultern. Mir wächst ein breiter Arsch und eine Lederweste. Meine Bewegungen verlangsamen sich extrem; auf dem Weg vom Auto zur Rufsäule oder zum Imbiss zeugt der schlurfende Gang vom stummen Protest gegen den Fortlauf der Dinge. Mein Tonfall wird brummig, undeutlich und beschränkt sich auf das Absondern von Allgemeinplätzen, Fahrpreisen und mutwilligen Grobheiten. Damit pariere ich jede noch so höfliche Frage und halte das für originell. Sogar ein leichter Berliner Akzent schleicht sich ein. Er ist nicht einmal aufgesetzt, denn ich kann nicht das Geringste dagegen unternehmen: Sie läuft völlig von alleine ab, die Verwandlung zum grässlichen und doch bedauernswerten Farwolf!

Im Taxi stinkt es nach Schwefel. Draußen herrscht Finsternis, nur auf dem Autodach leuchtet das Taxischild wie ein kleiner gelber Vollmond. Laut heule ich das schlechte Geschäft in die dunkle Nacht hinaus. So mancher Fahrgast, der mir in die Quere kommt, wird nun von meiner Laune angesteckt.

Aber selbst am Tag und außerhalb des Taxis bin ich komplett berufsdeformiert. Nach nur wenigen Jahren ist aus mir in jeder Lebenslage ein blöder, oller Kutscher geworden.

Einmal, zum Beispiel, fahre ich in einem Privatauto von Hamburg nach Berlin zurück. An der Autobahnauffahrt habe ich Glück: Kaum zehn Minuten unterwegs, winken mich schon zwei Anhalter ran, das heißt, sie winken nicht, sondern halten ein Schild raus: Berlin.

Klasse Tour, denke ich, das sind von hier aus fast 300 Kilometer! Blitzschnell checke ich die Kunden ab: Ein blutjunges Pärchen, sie sehen nett aus und vor allem ungefährlich. Von der linken Spur ziehe ich auf einer sauberen Sekante ganz nach rechts rüber und halte. Hinter mir quietschen Bremsen, ertönt Gezeter – na was denn? Hupt doch, ihr Pfeifen!

»Tachchen«, sage ich, »immer rin in die gute Stube! Wo soll's denn hingehen?«

Das »Wo soll's denn hingehen?« ist dem Taxifahrer das »Wie geht's uns denn heute?« der Krankenschwester oder das »Wer nicht aufpasst, ist selber schuld« des Lehrers – eine berufsbedingte leere Worthülse. In einem kurzen wachen Moment wundere ich mich über mich selbst: Hallo! Das sind Anhalter und keine Fahrgäste! Ich bin Reisender und kein Taxifahrer! Was erzähle ich hier um Gottes willen bloß, und vor allem, *wie* spreche ich überhaupt? Irgendetwas in mir sondert automatisch ekligen Floskelmüll ab und drückt den zähflüssigen, faulig stinkenden Jargon ungehindert durch den Mund nach draußen und hinein in die Gehörgänge anderer Menschen. Zugleich wird meine Stimme ganz von selbst tief, brummig und schleppend.

Im Zeitlupentempo rühre ich so umständlich in meinem Kram auf dem Beifahrersitz herum, dass sich die beiden freiwillig nach hinten setzen, und da gehören sie auch hin. Ob sie schon lange gewartet hätten, möchte ich wissen. Eine halbe Stunde? »Das geht aber nicht«, brumme ich, »solche Wartezeiten sind ein Unding! Da muss ich mal ein Wörtchen mit der Funkzentrale wechseln.«

»Meinen Sie die Mitfahrzentrale? Wir sind Anhalter!«

»Ach, ist ja auch egal.« Ich finde es gut, dass sie sich nicht beschweren – geduldige Kunden sind mir ohnehin die liebsten. Ich hab's schließlich auch nicht leicht, das ist nun mal kein einfacher Job hier. Immer nachts, die ständige Einsamkeit, die Betrunkenen, wahnsinnige Rückenschmerzen, seit Jahren keine Frau, und das schlechte Geschäft erst! All das schmiere ich ihnen in einem endlosen Klagemonolog ungefragt aufs Leidensbrot. Zwischendurch frage ich die beiden, wo sie denn in Berlin genau hinwollen, also »wölsche Straße und Hausnummer bütte«, pseudoberlinere ich hemdsärmelig vor mich hin, halb gekünstelt noch und doch instinktiv. Ob ich sie gerade genauso ankotze wie mich selber? Ach, das interessiert mich doch im Grunde nicht. Außerdem kann ich nichts dafür: Das Leben hat mich zu dem gemacht, was ich bin: zu einem drögen Berlinosaurus Tax mit Lederwestenseele.

Zur Abwechslung versucht nun der Junge ein Gespräch anzufangen, aber ich quatsche hier nicht über mein Privatleben. Mit rasselnden Phantasielauten, die alles und nichts bedeuten könnten, wehre ich ab. Bald geben sie den Versuch auf, mich aus der Reserve zu locken, und kuscheln sich still aneinander.

Schlaft nur, Kinder, dafür bin ich ja da. Bei mir seid ihr sicher wie in Abrahams Schoß. Ich fahre, ich werde gebraucht, ich bin in meinem Element! Ab Ausfahrt Wittstock schweigen wir bis Berlin. »Du kannst uns am besten irgendwo am S-Bahnring rauslassen«, meint das Mädchen.

»Wollen Sie mir erklären, wie ich meinen Job zu machen habe?«, bollere ich sie an, während ich mit neunzig Sachen über die Busspur brettere.

Schnell sind wir an der Adresse, die ich ihnen dann doch entlocken konnte. »So, Herrschaften – da wär'n wa: exaktamente viahunnatfuffzi' Euro bütte«, leiere ich wie vom Band. »Ach, Unsinn.« Ich schlage mir die flache Hand vor den Kopf und lache verschämt. Ob ich mal Taxi gefahren sei, fragt der Anhalter. Woher weiß er das bloß?

Die anderen Männer

Auf einmal waren sie da.

Von einem Tag auf den anderen schwappte vor etwa fünfzehn Jahren ein Phänomen nach Berlin herüber, das man in anderen Ländern schon länger kennt: junge Autofensterputzer, die an Ampelkreuzungen den Autofahrern ihre Dienste mal anbieten, mal dringend empfehlen und gelegentlich auch penetrant aufdrängen. Sobald die Ampel Grün zeigt und der Putzvorgang abgeschlossen ist, reicht der überrumpelte Fahrer ein Geldstück durch das offene Fenster nach draußen. Der Putzer springt mitsamt Wischer, Schwamm und Wassereimer zurück auf den Mittelstreifen, wo die Kameraden, ein Kasten Billigbier und ein Rudel schlecht erzogener Mischlingshunde warten.

Was die Berliner Verhältnisse betrifft, glaubte ich aufgrund ihres Erscheinungsbildes zunächst, es handele sich bei den Fensterputzern um Punker, und wunderte mich nicht schlecht: Ein anständiger Punk arbeitet nicht, und wenn doch, dann allenfalls als freischaffender und unabhängiger Leergutsammler. Bis ich anhand ihrer Unterhaltungen untereinander endlich mitbekam: Die Scheibenputzer sind gar keine Punks, sondern durch die Bank junge Polen, die sich als Punks verkleiden.

So auch heute an der Jannowitzbrücke: Mit dem Taxi stehe ich an der Ampel, und die Fensterputzer schwärmen aus. Vor, hinter und neben mir stehen Fahrzeuge. Ich habe keine Chance zur Flucht. Und dann kommt *sie* auf mich zu. »Nein danke«, schreie ich schon von weitem, aber mein Fenster ist zu und sie tut so, als ob sie mich nicht hört, und wirft mir ein Luftküsschen zu. Gleich darauf steht die falsche Punkerin vor meinem Taxi und malt mit ihrem Schrubbding ein Herzchen auf die Windschutzscheibe. Wie raffiniert, wie clever! Das machen die nämlich immer – das habe ich schon oft gesehen, wenn ich mit dem Fahrrad an den wartenden Autos vorbeigefahren bin. Mich können sie damit nicht beeindrucken, aber andere durchaus. Leider. Verächtlich schmunzele ich in mich hinein, bei dem Gedanken daran, wie berechenbar doch die anderen Männer sind. Bei einigen scheint das Gehirn tatsächlich nur ein Kippschalter zu sein, mit zwei verschiedenen Optionen: »Weibchen in Sicht« und Stand-by.

Um ihr klarzumachen, dass ich keiner von denen bin, kurble ich das Fahrerfenster herunter und lächle generös: »Wirklich nicht. Bitte!« Ich könnte ja durchaus beleidigt sein, dass sie mich für derart primitiv hält, aber dazu lächelt sie zu nett. Das sieht sogar beinahe echt aus, und außerdem kann sie doch nichts dafür, wie diese Welt funktioniert, die die Schaltermänner letztlich uns allen aufgezwungen haben. Sie lächelt immer noch, während sie das Herz ganz langsam und sorgfältig wieder abzieht. Fast zärtlich wirkt das, wie eine Intimmassage für die Windschutzscheibe und indirekt auch für den, der dahintersitzt. Danach kommt sie an mein Fenster. Ob ich zwanzig Cent für sie hätte, schmeichelt sie mit hinreißender Stimme – ich kenne den Ton: Da würde so manches simple Männerherz weich wie Butter werden. Schon schlimm, wenn man mal reflektiert, wie einfach das geht. Es sind schon Kriege geführt worden wegen eines Luftküsschens oder eines Herzens. Ich erinnere bloß an Troja – eine charmante Dummheit. Oder Irak: ein Herz, gepinkelt in den Schnee von Texas, von Condoleezza für Schorsch Dabbeljuh. Oder die Jannowitzbrücke – hier schließt sich der Kreis: Helena, Paris, Texas, Jannowitzbrücke …

Aber nicht mit mir. Ich bin ein alter Hase. Schlohweiße Löffel. Eisgraues Stummelschwänzchen. Ein verdammt alter Hase. Sollen sie doch austicken, die anderen Männer – ein bisschen verstehe ich sie sogar in ihrer Einfalt. Das Einfühlungsvermögen in die Motive anderer Menschen ist seit jeher eine meiner herausragenden Stärken, und natürlich wundert mich nicht allzu viel angesichts dieses koketten, kleinen Traums in Blond.

Ich gebe ihr fünfzig Cent. Aber nicht dafür.

Berühmte Ecken:
Die Kantstraße

»Fahren Sie auch Ecken?«, fragt die Funkzentrale den Kollegen. Keine Antwort. Offenbar fährt er keine. Oder er versteht die Frage nicht. Ich verstehe sie selber nicht, tue aber so, als ob – und bekomme den Auftrag.

Eine ältere Dame. Ihr avisiertes Fahrtziel ist ganz schön weit weg. Aber »ganz schön weit« ist oft relativ. So kann es im Kontext einer Marschstrecke für Kriegsgefangene mit erheblichen Unannehmlichkeiten verbunden sein, während es für mich Glück und Geld bedeutet. Wie gut, dass ich auch Ecken fahre! In Gedanken preise ich die Umsicht meines Chefs, beim Erwerb des Taxis darauf zu achten, dass es mit einem Lenkrad ausgestattet ist.

»Soll ich nachher über die Kantstraße fahren?«, möchte ich wissen. Wie geschildert, wäre mir das bauartbedingt ein Leichtes. Die Frau schweigt.

Als ich mich anschicke, die Kantstraße anzusteuern, weil ich immer über die Kantstraße fahre, bittet die Dame: »Fahren Sie bitte geradeaus, dann rechts in die Leibnizstraße und von dort links in die Bismarckstraße.«

»Über Kantstraße ist aber kürzer«, gebe ich zu bedenken.

»Glaube ich nicht«, meint die Kundin. »Und selbst wenn, ich mag die Kantstraße nicht. Eine furchtbare Straße!«

Ich nehme also den Weg geradeaus und biege in die

Leibnizstraße ein. An der Ecke Leibniz- und Kantstraße mache ich Anstalten, nach links in die Kantstraße abzubiegen. Ganz automatisch, denn ich fahre
immer über die Kantstraße.

»Hier noch nicht«, schrillt es von hinten, »erst an der
Bismarckstraße!«

»Oh, sorry«, sage ich, »war ein Versehen. Ich fahre
halt immer über die Kantstraße …«

»Sie mögen die Kantstraße?«

»O ja«, gerate ich ins Schwärmen. Die Kantstraße ist
für mich praktisch der Inbegriff einer Straße. Eine ras-
sige Vollblutstraße. Alles, was eine Straße in meinen
Augen besitzen muss, hat diese Superstraße im Übermaß: Häuser, Autos, Menschen, Straßenbelag. Begeistert bricht es aus mir heraus: »Ich liebe die Kantstraße!«

»Ich hasse die Kantstraße«, flüstert die Frau mit
einem Zittern in der Stimme. »Die Kantstraße ist die
schrecklichste Straße, die ich kenne.«

Mit letzter Kraft habe ich die Kurve noch gekriegt
und bin weiter auf der Leibnizstraße unterwegs in
Richtung Bismarckstraße. »Sie verbinden sicher un-
angenehme Erinnerungen mit der Kantstraße«, äußere
ich einen frischen Verdacht. Doch sie schweigt und
antwortet nicht. Das ist auch nicht nötig, denn längst
kann ich mir die traurige Geschichte ihres Lebens so
gut zusammenreimen, dass es ist, als erzähle sie mir
diese selber:

»Es war ein Frühlingstag vor vierzig Jahren, ein
wunderschöner Tag, so wie heute …«

»Wie heute?«

»Nein, eher wie gestern. Es war ein Tag so wie gestern. Ich ging mit meinem Vater die Kantstraße ent-

lang. Wir aßen Gummibärchen aus einer Tüte. Als er sich gerade ein Gummibärchen in den Mund stecken wollte, kam eine Hand aus einem Hauseingang. Die Hand hielt eine Pistole. Die Pistole schoss. Dann ließ die Hand die Pistole fallen, ergriff das Gummibärchen und rannte zusammen mit einem Körper und zwei Beinen weg. Vater war tot. Man hatte ihn erschossen. Wegen eines Gummibärchens!«

»O nein!«

»O ja! Und dann kam dieser Tag vor fünfundzwanzig Jahren. Es war ein Tag so wie morgen ...«

»Wie morgen?«

»Schweigen Sie! Wieder ging ich durch die Kantstraße, diesmal mit meinem Mann. Plötzlich kam eine Hand aus einem Schornstein. Die Hand hielt ein Messer. Das Messer stach auf meinen Mann ein und spießte anschließend die beiden Gummibärchen auf, die er sich gerade in den Mund stecken wollte, und verschwand um die Ecke. Mein Mann war tot. Erstochen wegen zwei Gummibärchen!«

»Das tut mir leid ...«

»Klappe! Schließlich eines Tages vor zehn Jahren: Ich wollte eigentlich schon nicht mehr durch die Kantstraße gehen ...«

»Verstehe.«

»Nichts verstehen Sie! Ich ging also mit meinem Sohn durch die Kantstraße, und – was soll ich sagen: Ermordet!«

»Wegen drei Gummibärchen?«

»So ähnlich: Es ging um die Vorherrschaft im Rotlichtmilieu am Stuttgarter Platz sowie um zehn Millionen in bar. Sie können sich jetzt vorstellen, dass ich die Kantstraße nicht mag?«

Ja, das kann ich. Es ist immer wieder erstaunlich, welch schlimmes Einzelschicksal sich hinter manch unscheinbarem Fahrgast verbirgt! Als sie in Westend aussteigt, biete ich ihr eine Minitüte Gummibärchen an. Natürlich lehnt sie ab. Die Geschichte scheint zu stimmen.

Unter Hochdruck

Es ist im Grunde immer dasselbe. Kaum spüre ich unter mir den vertrauten Taxisitz, legt sich in meinem Hirn ein Schalter mit der Aufschrift »Ich kann nicht, also muss ich« um, der wiederum ein Ventil öffnet und die Blase flutet: Es drängt mich auf der Stelle aufs Klo.

Wie sehr beneide ich da den Landmenschen. Wo immer er sich gerade befindet, lüftet er mal eben kurz Hosenstall oder Kittelkleid und besprengt en passant das duftende Moos sowie nicht rechtzeitig in Deckung gegangene Tiere. Das sieht ohnehin keiner. Deshalb lässt er auch hinterher alles offen. In drei Stunden muss man sowieso wieder.

Mitten in der Stadt, am helllichten Nachmittag, wird das kleine Geschäft dagegen schnell zum großen Problem. An vorderster Position am Halteplatz erwarte ich in Kürze einen Fahrgast. Wenn ich jetzt wegführe, wäre eine Stunde Stehzeit komplett für die Katz. Den einen Kunden mache ich noch, und danach suche ich mir schnellstens ein Gebüsch oder eine Hoteltoilette!

Eine halbe Stunde später: Ich beginne, mich unruhig auf meinem Sitz zu aalen – ein wenig Druck, auf die Schambeinregion ausgeübt, wirkt minimal lindernd. Bewegung, und sei es nur Autofahren, ist in diesem Zustand grundsätzlich angenehmer als Stillstand. Im Rückspiegel sehe ich das besorgte Gesicht eines Kollegen, der zu mir nach vorne starrt, nur weil ich im Sitzen mit verkniffenem Gesicht auf und ab hüpfe. Der soll sich um seinen eigenen Kram kümmern. Arschloch.

Vielleicht könnte ich meine Thermoskanne als Urinal benutzen. Dazu müsste ich sie allerdings erst leeren.

Ich trinke warmen Tee. Besser wird's davon nicht gerade. Passanten bleiben neben meinem Auto stehen und sehen mir eine Weile beim Zappeln zu – ist das ein Aquarium hier? Kusch! Weg hier! Endlich steigen zwei Fahrgäste ein. Wohin wollen Sie, in die Harnstraße? Ach so – in die Hornstraße. Bei roter Ampel fahre ich los, endlich Bewegung. Schnell, schnell, schnell, und bloß nicht anhalten. Anhalten nur noch zum Strullen, nehme ich mir vor. Noch eine rote Ampel, während ich mich reflexartig für einen nachfolgenden Funkauftrag bewerbe, dessen Ausführung ich meinem Zustand beim besten Willen nicht mehr zumuten kann. Aber ich bekomme die Aufträge ja eh nie. Außer heute.

Die Kunden unterhalten sich über Hochdruckreiniger für die Industrie. Wasserstrahlgeräte mit unglaublicher Wucht. Ohren zu, Ohren zu, Ohren zu! Da ich das Lenkrad halten muss, versuche ich, mit konzentrierter Muskelkraft die Ohrmuscheln anzulegen. Das gelingt nicht. Ich rase durch die dritte rote Ampel. Wie weit ist es denn noch bis zu dieser Pissstraße? Weit, weil ich nicht den kürzesten Weg über den Ernst-Reuter-Platz fahren kann. Die Springbrunnen dort würden mir den Rest geben.

Am Ziel bekomme ich kein Trinkgeld. Pissnelken! Zu viele rote Ampeln wahrscheinlich und zu große Umwege. Ja, du mich auch. Ich rase zur Tour, die mir eben über Funk vermittelt wurde. Die Kunden stehen schon auf der Straße. Leider muss ich anhalten, um sie mitzunehmen. Ich schubbere auf meinem Sitz herum und jodle, um von meiner Not abzulenken. Sollen sie mich meinetwegen für einen Spaßvogel halten, dabei ist es mir bitterernst: Wenn jetzt eine Zielangabe wie »Tropfsteinweg« oder so ähnlich kommt, kann ich's nicht mehr halten. Gott sei Dank nicht – sie wollen nach Mitte, sind außerdem farbenblind und offenbar rallyeerfahren. Warum ich so zapple? Tja, gute Frage. Nein, die kann ich jetzt nicht so schnell beantworten. Ja, ich habe auch anderes im Tropf, äh, Kopf. Das Wetter? Ach, Sie meinen …? Nein, nicht dieses Wort! Nein, ich bin nicht nervös! Ja, ich hab's gesehen – ja, es fängt an! Nein, dieses Wort auch nicht!

Zu schiffen! Ich setz Sie hier ab, ist recht, ja? Ich weiß, Sie wollten woanders hin, aber Kneipe ist Kneipe. Sie sind im Moment nicht flüssig? Macht nix, nur schnell raus hier. Ja, tschüs!

Ich bin jetzt in Mitte. Einem Übermaß an Menschen und versiegelten Flächen steht ein Mangel an Grün und an Brachen gegenüber. Ich platze fast und habe eine Vision: Mitten auf einer befahrenen Kreuzung vollführe ich eine Vollbremsung, reiße die Tür auf, springe raus und aaah, plitscher, platscher, wie gut das tut!

Warum tu ich's nicht einfach? Warum bin ich bloß so ein elender Spießer? Die Erziehung ist schuld: Ein paarmal in jungen Jahren aufs Maul bekommen und schon konditioniert wie ein Laboräffchen! Nun verrecke ich hier also an Harneinhaltung, anstatt das Schaufenster der nächsten Boutique zu kärchern.

Der Regen tröpfelt, die Ampel ist rot, und ich winde mich vor Schmerzen. Die Leute gucken – ist mir egal! Die Leute winken – ist mir auch egal! Wenn ich nicht muss, winkt nie einer. Fahrgäste haben's gut, die haben eine andere Mentalität: Die setzen sich, von oben bis unten eingepullert, in mein Taxi, pfeifen die ganze Fahrt über seelenruhig vor sich hin und ziehen am Ende einen feuchten Geldschein aus der Hosentasche. Den darf ich dann zwischen den Lüftungsschlitzen trocknen, bevor ich ihn nach Feierabend über irgendeinen Tresen schiebe. Alles schon erlebt. Geld stinkt nicht, und die Erde ist eine Scheibe.

Da, endlich – in einer Seitenstraße, eine Brandmauer und daneben ein Gebüsch. Warnblinker an. Bei laufendem Motor hechte ich gebückt aus dem Auto, öffne im Laufen die Hose, stoße – Platz da, jetzt komm ich – ein paar Fußgänger beiseite und verschwinde im Strauchwerk. Das Leben ist schön!

Ich brauche exakt eine Minute und zwanzig Sekunden. Da könnte sich so manches Kamel ein Strählchen von abschneiden.

Silvester im Taxi

In meinem Taxi lärmt das Autoradio. Die Moderatorin zählt hysterisch die letzten Sekunden des Jahres herunter. Was ist denn mit der los, darf die zum ersten Mal in ihrem Leben so lange aufbleiben? Bei null fängt sie an zu kreischen, als würde sie von haarigen Affenhänden festgehalten und mit kochendem Wasser übergossen. Sofort nach dem Countdown beginnt auf der Straße der Krieg: Wie im Akkord erledigen pflichtbewusste Spaßmacher verbissen ihre Krach- und Nervarbeit. Überall um mich herum knallt es. Oranienstraße: Ich steuere direkt in das Auge des Zyklons hinein. »Bumm, bumm, bumm« macht es unter der Motorhaube, »ping, pöng, pang« auf der Windschutzscheibe, ein Mordsspaß. In den zu Schützengräben gewordenen Straßen entlädt sich der im Laufe des Jahres angestaute Frust in einer Orgie der Gewalt, wie sie allenfalls zur Love-Parade noch ihresgleichen findet. »Bumm, pöng, bamm.« Ich öffne kurz das Fenster: »Platz da, ich bin ein Freund von Landesbranddirektor Broemme!« Anfängerfehler. Ein Kracher fliegt zu mir herein und explodiert. Aua.

Draußen haben die Menschen einander lieb, obwohl sie versuchen, sich gegenseitig mit Sprengstoff zu töten, das ist nun mal die Ambivalenz des Bürgerkriegs und somit auch die von Silvester. Mit wem dagegen hätte ich schon feiern sollen? Ein Taxifahrer hat keine Freunde. Allein einem Kutscher dabei zuzusehen, wie er mühsam aus seinem Auto krabbelt und wie eine Lumme ruckartig zur Rufsäule wankt, verursacht Magenkrämpfe. Taxifahrer meckern ständig und über alles. Sie sind böse, traurig und rauchen in einem fort. Wie einsame Pestknechte müssen sie die ganze Nacht arbeiten, während normale Leute Feste feiern oder schlafen. Am Tag wälzt sich der Taxifahrer dann rau heulend auf seinem Lager und stinkt. Seine Bosheit lässt ihn niemals zur Ruhe kommen; nicht selten brennt auch das Bett.

»Frohes neues Jahr«, sagt der erste Fahrgast des Jahres. Ich antworte nicht – verarschen kann ich mich selber. In der Innenstadt ist bis zum Morgen alles voll mit jungen Leuten. Mein Gott, wie jung die sind, dabei ist doch schon wieder ein Jahr vorbei! Jeder sucht ein Taxi, aber wie soll das gehen? Eigentlich sollte ich mich über das Spitzengeschäft freuen. »Kann man die nicht besser über das ganze Jahr verteilen?«, maule ich stattdessen übellaunig wie ein verwöhntes Prinzesschen. Auch andere Fahrgäste wünschen mir Glück. Eine Frau streichelt mich dabei von hinten wie ein Meerschweinchen. Nett gemeint, aber sinnlos: Ein Taxifahrer fühlt nur den Schmerz.

Einmal muss ich anhalten, weil sich ein volles Sixpack unter dem Bodenblech verkeilt hat. Im Bombenhagel entferne ich die Trümmer und ein paar fremde Finger. An den folgenden Highlights scheinen Menschen aus der halben Welt beteiligt: Ein Deutscher läuft mir weg, ohne zu bezahlen. Ich werde von zwanzig Afrikanern angebrüllt, weil ich nicht alle auf einmal mitnehmen kann. Ein arabischer Kollege funkt um Hilfe, er wird von fünf Berserkern attackiert, denen er verboten hat, in seinem Taxi eine Rakete anzuzünden. Ein Däne kotzt hinten aus meinem fahrenden Wagen. Kein gutes Omen: »Der Nordmann aus dem Fenster bricht, das neue Jahr wird voll Verzicht.« Am Ziel säubere ich von außen Tür und Fenster. Seine Begleiterin gibt mir dafür einen Euro. Mange tak! Danke.

Am Neujahrsmorgen schleiche ich todmüde in mein kaltes Bett und meckere mich in einen Erschöpfungsschlaf voller Alpträume: Radarfallen, Fehlfahrten und Dänen. Als ich erwache, ist zum Glück fast schon wieder ein Tag rum vom neuen Jahr. Den Rest sitze ich doch auf einer Arschbacke ab.

Brennende Seele,
kaltes Herz

Das Krankenhaus im fernen Osten ist mir völlig unbekannt. Ich bin noch nie dort hingefahren. Gehört das eigentlich noch zu Lichtenberg oder schon zu Marzahn? Na ja, egal, wenigstens die Frau auf dem Rücksitz weiß Bescheid. Sie dirigiert mich, ich muss nur fahren. Gas geben, lenken, bremsen.

Hinter einer Schranke beginnt ein parkähnliches Gelände. Klobige Backsteingebäude verteilen sich vereinzelt im Grünen – typische Nutzbauten aus der Gründerzeit mit einer durchaus eigentümlichen Ästhetik. Ich verfahre mich kurz auf der Suche nach Haus 21 und muss rückwärts wenden.

Beim Blick durch die Heckscheibe sehe ich plötzlich vier Leute mit teilnahmsloser Miene langsam hinter mir vorüberschweben. Sie besitzen etwas transzendental Entrücktes, das sie unverwundbar wirken lässt. Dennoch bremse ich, bis sie vorbeigeschwebt sind. »Vorsicht«, warnt die Frau, »das ist ein psychiatrisches Krankenhaus.«

Schließlich finden wir Haus 21. Sie bezahlt und steigt aus.

Auf dem Rückweg winken kurz vor der Schranke drei hagere, abgerissene Gestalten. Ich habe ein komisches Gefühl: Sie wirken ein bisschen, wie ich mir hier die Patienten vorstelle.

Dürfte ich die denn einfach mitnehmen? Man würde Sie dann bestimmt vermissen. Und haben die über-

haupt Geld? Die Frau hätte es mir gewiss sagen können, doch die ist bei Haus 21 ausgestiegen. Trotz aller
Bedenken halte ich, und die drei Personen steigen ein.
Alle riechen nach Alkohol. Der, der vorne eingestiegen ist, fragt, ob er rauchen dürfe.

»Meinetwegen«, sage ich, »aber ich hab keine Ahnung, wo hier der Aschenbecher ist. Ich kenne mich
mit dem Auto nicht so aus.« Auch ihr Fahrtziel, das irgendwo in der Nähe liegen muss, ist für mich ein Buch
mit sieben Siegeln. Sie blicken irritiert drein, und
plötzlich fällt mir auf, wie merkwürdig ihnen das alles
vorkommen muss: Ich sitze hier in einem Taxi, das ich
offenbar nicht kenne, und fahre durch eine mir ebenfalls völlig unbekannte Stadt.

Wo bin ich? Wie heißt diese Stadt? Atlantis? Waterloo? Die zwei hinten wispern. Sie fragen sich wohl, ob
ich ein Patient bin – vor Haus 21 sucht derweil der
echte Taxifahrer verzweifelt sein Auto, das er nur kurz
verlassen hatte, um seiner Kundin beim Tragen einer
riesigen Ananastorte zu helfen. Oder er liegt mit ein-
geschlagenem Schädel im Heizungskeller. Ich blicke
in den Rückspiegel: Vielleicht sind meine Fahrgäste
ja auch Ärzte – nach ihren Mammutschichten sehen
die gerne mal so aus.

Womöglich bin ich sogar selber Arzt, das kann gut
sein, keinesfalls will ich das kategorisch ausschließen.
Das ist alles so verdammt schwer zu sagen. Wer oder
was bin ich eigentlich? Bin ich Haus 21? Wenn die Frau
noch da wäre, könnte sie es mir sagen. Die Frau wusste
alles: Wo es langging, dass es sich um eine Psychiatrie
handelte, wie man aus einem Taxi aussteigt. Ach, die
Frau! Erst war sie da, nun ist sie fort! Tief seufze ich
auf.

Vom blauen Himmel zuckt ein Blitz. »Fragen Sie die Frau«, höre ich eine Stimme aus mir sprechen, es ist nicht meine eigene, vielmehr ein heiseres Bellen aus den tiefen Abgründen meiner Seele. »Fragen Sie die Frau, wo der Aschenbecher ist. Die Frau weiß alles!«

Entsetztes Schweigen schlägt mir entgegen. Irgendwo krächzt ein Rabe. Sind die Fahrgäste eigentlich noch da, die Ärzte, die Patienten? Ich kann sie nicht mehr sehen. Auf einmal fährt das Auto lautlos und weich wie auf Federn. Wir fliegen geradezu. Wohin? Egal. *Ich muss nur fahren*, schärfe ich mir unentwegt ein, *Gas geben, lenken, bremsen*. Dann gebe ich Gas. Immer, wenn mir danach ist, bremse ich auch oder lenke ein wenig nach Gutdünken. Es plätschert in meinen Ohren. Das Auto ist ein Boot, die Stadt ist ein See. Wie still alles ist! Wer bin ich? Und dann weiß ich es endlich. Ich weiß alles.

Ich bin die Frau.

Es lebe der
Zentralflughafen

Flughafen Tempelhof, 21 Uhr 50: Als zehntes Taxi in
der Schlange warte ich auf die Fahrgäste des letzten
ankommenden Fluges. Das ist kein geringes Risiko,
denn die Maschinen sind klein. Auch der Flughafen
ist klein. Wenn die letzten Kunden mit schätzungs-
weise neun Taxen weg sind, herrscht hier bis zum
nächsten Morgen Totentanz.

Ich kenne das System – es ist das »System Schießmichtot«: Schieß mich tot, aber ich bin garantiert wieder das erste Taxi, das keinen mehr abkriegt. Sobald
ich auf der Warteleiste eintreffe, beglückwünsche ich
als Erstes den Kollegen auf der Position vor mir, denn
er wird nachher der Letzte sein, der eine Tour abbe-
kommt. Ich habe eigentlich immer Pech. Führe ich jetzt
weg, bliebe exakt ein Fahrgast übrig. Natürlich nicht
für mich. Einmal habe ich, um mein Schicksal zu über-
listen, so getan, als würde ich aufgeben, und bin unauffällig pfeifend weggefahren. Nach Verlassen des
Flughafengeländes wendete ich in einem halsbreche-
rischen Manöver und raste zurück. Leider nahm mir
ein zufällig vorbeikommender Kollege die Vorfahrt
und lud direkt vor mir den letzten Fahrgast. Das ist
Murphys Gesetz: Bestriche man mich mit Butter und
ließe mich aus großer Höhe fallen, würde ich stets ver-
lässlich auf der Butterseite landen.

Die Passagiere des letzten Flugs aus Basel verlassen
das Flughafengebäude. Ein Taxi nach dem anderen

fährt weg, das geht zack, zack, und schon bin ich der Erste. Aber ich bin auch der Letzte. Ich bin jetzt das einzige Taxi und warte verzweifelt: Bis eben lief es noch so zügig hier! Es kann doch nicht sein, dass alle Fluggäste wie abgesprochen auf einmal das Gebäude verlassen, nur um das Vorhandensein einer größeren Menge vorzutäuschen und mir falsche Hoffnungen zu machen. Wie sehr sie mich hassen müssen, ohne mich zu kennen! Das ist, weil ich immer Pech habe. Die Leute verachten Pechvögel. Bestriche man mich mit Butter und ließe mich aus großer Höhe fallen, würde ich nicht nur garantiert auf der Butterseite landen, sondern täte mir obendrein noch höllisch weh.

»Vielleicht kommen ja noch die Piloten«, denke ich wider besseres Wissen. Natürlich wird auch das Flugpersonal irgendwann noch kommen. Sie werden an mir vorübergehen und in ein Mietauto steigen oder in den Bus. Womöglich übersehen sie mich auch gedankenverloren und halten ein Taxi auf der Straße an. Ich warte und denke über mein Pech nach: Schon bei meiner Geburt bin ich den Handschuhen des Arztes entglitten und auf den blankgebohnerten Boden des Kreißsaals geklatscht, natürlich aufs Gesicht. »Und? Lebt es noch?«, wollte meine Mutter wissen. Und als der Arzt antwortete: »Ja, und es ist ein Pechvogel«, verdrehte sie resigniert die Augen.

Über mir grummelt es. Das ist ja merkwürdig: Eine winzig kleine Gewitterwolke entleert sich direkt über meinem Auto, ehe ich das Schiebedach schließen kann. Ich bin völlig durchnässt, da kommen zwei Piloten und zwei Stewardessen durch die Schwingtür und steuern auf mein Auto zu. Einer hat bereits den Türgriff in der Hand, als sie im letzten Moment kehrtmachen, um zwanzig Meter entfernt in ein Privatauto zu steigen. Im Vorbeigehen spuckt mir der Kopilot verächtlich auf die Windschutzscheibe. Das höhnische Gelächter der anderen trifft mich bis ins Mark.

»Schrubb, schrubb, schrubb«, höre ich nun ein wohlbekanntes Geräusch hinter mir. Der Besenwagen, ein Kehrfahrzeug der Berliner Stadtreinigung, das schon seit einer Weile hinter mir stand, hat sich in Bewegung gesetzt und kommt mit drehenden Bürsten langsam näher: »Schrubb, schrubb, schrubb ...« Nach Betriebsschluss säubern sie den Taxibereich. Er fährt bis auf einen Meter an mich heran und wartet darauf, dass ich aufgebe und entnervt vor seinem »schrubb, schrubb, schrubb« flüchte. Doch er kennt mich schon und weiß, dass ich hier immer als Letzter stehe und vergeblich auf Fahrgäste warte. Folglich weiß er auch, dass ich zäh bin, hartnäckig, trotzig und dumm und dass es noch eine Weile dauern wird, bis er endlich auch an der Stelle, an der jetzt noch mein Taxi steht, »schrubb, schrubb, schrubb« machen kann.

Ich steige aus und verschließe mein Auto. »Schrubb, schrubb, schrubb«, tönt es im Leerlauf hinter mir – der Besenmann liest gemütlich die Zeitung. Ich gehe ins Flughafengebäude. Da hinten macht eine Putzfrau sauber. Die muss doch auch irgendwann fertig sein und rauskommen. Bestimmt arbeitet sie hier drei Stunden lang für fünf Euro die Stunde, um danach für fünfundzwanzig zurück nach Hellersdorf zu fahren? Bestimmt nicht. Mäuschen tollen piepsend durch verlassene Gänge: »Es lebe der Zentralflughafen und alle seine Toten ...«

Einen der Informationsmonitore haben sie vergessen auszumachen. Wann kommt denn der nächste

Flug? Morgen früh um sieben. Soll ich solange warten? Ach nein. Ich habe aber auch immer Pech. Ich bin ein mit Pech bestrichenes Butterbrot. Mit hängenden Schultern verlasse ich die Halle, und der Reinigungswagenfahrer weiß, dass er gewonnen hat.

Völlig egal, ob System Schießmichtot oder Murphys Gesetz: Die inzwischen erfolgte Schließung des Flughafens Tempelhof ist für mich persönlich eine ausgesprochen unzureichende Lösung. Viel lieber sähe ich die Gebäude bis auf den letzten Stein geschleift und die Trümmer mit Abermillionen Tonnen Scheiße zugeschüttet. Auf diesem Berg sollte man dann Bäume pflanzen, Büsche und Blumen, und irgendwo in einem kleinen Rosengarten in der hintersten Ecke dieses Landschaftsparks möge ein unscheinbares Denkmal aus Stein errichtet werden: ein dampfender Kaffeebecher auf einem Rad, von dem ausgehend feine Spinnweben ein Taxameter mit lauter Nullen im Display umhüllen – das Denkmal des ewig wartenden Taxifahrers.

Die Angst des Fahrers vor der Verlängerung

Der Anamnesebogen ist straff strukturiert: Links steht jeweils die Antwort »Ja« und rechts die Antwort »Nein«. »Nein« ist immer gut, wenn man Scherereien vermeiden möchte. Sicherheitshalber lese ich dennoch jede Frage durch. Womöglich steht ja – was für ein raffinierter Trick – weiter unten plötzlich »Ja« auf der rechten Seite und »Nein« auf der linken. Dann hätte ich mich aus reiner Unaufmerksamkeit zu einem heroinsüchtigen Epileptiker mit chronischer Rechts-links-Schwäche gestempelt. Die P-Schein-Verlängerung könnte ich knicken.

Aber wäre das wirklich so schlimm? Spätestens ab der dritten amtsärztlichen Untersuchung war mir das unterschwellig ohnehin egal. Käme es nicht letztlich einem Gottesurteil gleich, wenn meine immanente Arbeitsunfähigkeit auch aktenkundig würde? Lieber ein Ende mit Schrecken als ein Schrecken ohne Ende. Endlich wäre ich gezwungen, meinen Arsch zu bewegen und mir etwas Geeigneteres zu suchen. Das könnte früher oder später Leben retten – meines und das der Fahrgäste. Warum bemerkt hier zum Beispiel keiner, dass ich praktisch blind bin? Oder besser, warum will es keiner merken?

»Keiner«, das ist vor allem Dr. Ingo Schulz. Der Arzt für Arbeitsmedizin ist mir bereits vor dem Antrag auf Ersterteilung empfohlen worden: Bei dem falle keiner durch, hieß es damals hinter lässig vorgehaltener

Hand. Fast noch berühmter ist er für sein bizarres und willkürlich an bestimmte Firmen- und Landsmannschaftszugehörigkeit geknüpftes Phantasierabattsystem. Auf diese Weise wirbt er ständig neue Kunden. Die fälligen Gebühren landen ohne Quittung in der legendären Geldschublade seines Sprechzimmerschreibtischs – wichtig ist schließlich nur der Tauglichkeitsbescheid.

Zahl der Schlaganfälle? Hm, schwer zu sagen. Nein.

Ob ich Alkohol trinke? Was für eine Frage, ich bin Taxifahrer. Nein natürlich. Eine Nebenspalte will wissen, was ich nicht trinke: Bier, Wein oder Hochprozentiges. Wahrheitsgemäß kreuze ich alles an, alles auf einmal trinke ich wirklich nicht.

Ob ich manchmal Taubheitsgefühle in den Beinen habe? Was für eine Frage, ich bin Taxifahrer. Ob ich unter seelischen oder psychischen Erkrankungen leide? Wie bitte? Ich bin Taxifahrer: Schöner kann man es nicht haben, glücklicher nicht sein.

Ob ich Drogen nehme? Was für eine ganz und gar bekloppte Frage! Nein, nein, nein. Ich gebe der Arzthelferin den ausgefüllten Bogen zurück. Sie fragt mich, ob ich schon zur Urinprobe könne? Urinprobe? »Das gab's aber früher nicht«, reklamiere ich beunruhigt, »damit habe ich jetzt nicht gerechnet. Nein, ich kann noch nicht. Auf gar keinen Fall!«

Also zum Sehtest. Fast jede Schablone gerät zum fröhlichen Ratespiel. Wiederholt bietet mir die Helferin eine Pause an, um die Augen zu entspannen. Ich nehme das Angebot an und entscheide mich nach der Pause einfach für das nächste Feld, den nächsten Kreis, einen anderen Buchstaben.

Zwangsläufig ist es auf diese Weise manchmal auch

richtig. »Wir haben alle Zeit der Welt«, beruhigt mich das mildtätige Mädchen. Die brauchen wir auch. Nicht zuletzt dem zunehmenden Druck in meiner Blase geschuldet, keimt in mir langsam der Wunsch, die Urinprobe vorzuziehen, um mir schlicht die weitere Quälerei zu ersparen. Doch dann habe ich es auf einmal wie durch ein Wunder geschafft.

Beim Befüllen der Urinprobe rechne ich fieberhaft: Acht Tage müssen nicht unbedingt reichen, aber sie könnten, und heute ist definitiv ein guter Tag zum Pokern. In einem Plastikbecher überantworte ich der Sprechstundenhilfe mein berufliches Schicksal in Form einer hoffentlich THC-freien Flüssigkeit.

Drei Minuten später werde ich ins Sprechzimmer gerufen. »Mit den Augen ist alles in Ordnung«, schwindelt der Arzt gut gelaunt, »und mit dem Urin auch.«

Innerhalb von drei Minuten wollen die das festgestellt haben? Genial! All die Fragen, all die Tests sind offenbar ein einziges arbeitsmedizinisches Wrestling-Match, in dem sich gefährlich aussehende Maßnahmen nur zum Schein mit gefährlich aussehenden Patienten messen, bei immer gleichem, abgesprochenem Ausgang: Der Gute bekommt den P-Schein verlängert. Warum auch sollte Schulz die Geldschublade absägen, auf der er sitzt: Nur »fahrtaugliche« Kunden kommen alle fünf (vormals drei) Jahre wieder, um auf ein Neues in der psycho-physiologischen Außenstelle des Konsulats von Absurdistan anzutreten. Ich mache den Oberkörper frei.

Schulz hört mein Herz ab. Es schlägt – das genügt. Anschließend schreit er mir aus einer Ecke des Raumes Zahlen zu. Obwohl ich mir ob der schmerzhaften Lautstärke die Ohren zuhalte, verstehe ich alles. Abschließend soll ich mich erst auf die Zehenspitzen stellen und dann auf die Fersen. Ein Alkoholikertest? Ich hab doch schon angekreuzt, dass ich keiner bin. Beim vergeblichen Versuch, mich auf den Fersen zu halten, fällt mir fast der Flachmann aus der Tasche. »Das macht nichts«, meint der Arzt zufrieden. Immerhin bin ich nicht umgefallen. Ich habe bestanden. Siebzig Euro soll ich zahlen, das wäre fast das Doppelte wie beim vorigen Mal. Mit ernster Miene füllt der Mediziner die Quittung aus und fragt dabei: »Welche Firma?«

»Sisyphos-Taxi.«

»Sisyphos-Rabatt: Sechzig Euro. In welchem Bundesland geboren?«

»Niedersachsen.«

»Niedersachsen-Rabatt: Fünfzig Euro. Mein letztes Wort.« Fröhlich zerreißt der Heiler die Empfangsbestätigung: »Tandaradei – das ist nur Papier, das braucht kein Mensch.« Unquittiert landet der Fünfziger in der Schreibtischschublade und dort auf einem unübersehbaren Berg bunter Geldscheine. Doch worüber sollte ich mich beklagen? Gute Arbeit kostet nun mal gutes Geld. »Auf Wiedersehen, herzlichen Glückwunsch und gute Fahrt!«

Beim Hinausgehen finde ich zunächst die Tür nicht. »Links«, sagt der Arzt.

»Was?«, frage ich – dann ertaste ich endlich die Klinke.

Der gute Mensch von Neukölln

Ich bin noch nicht lange aus dem Geschäft, da stehen wir, von einer Feier kommend, am Taxistand. Die Frau quengelt. Es ist halb vier Uhr morgens, ihr ist kalt, sie ist müde, sie will auf der Stelle ins nur anderthalb Kilometer entfernte Zuhause. Ich aber möchte die armen Fahrer, die hier wahrscheinlich schon stundenlang warten, nicht mit so einer Minitour belasten. »Lass uns auf der Straße ein Taxi heranwinken. Da kommt bestimmt jeden Moment eins um die Ecke!«, beschwöre ich sie.

Die Frau versteht mich einfach nicht. Vor allem aber versteht sie laut eigener Aussage sich selber nicht: Wie sie so bescheuert habe sein können, etwas mit einem frühpensionierten Kutschertrottel anzufangen, der sich vor schwachsinnigem Mitleid mit seinen ebenso schwachsinnigen Ex-Kollegen jetzt weigere, an diesem verdammten Taxistand einfach in so ein blödes Taxi zu steigen, obwohl es dafür nun einmal da sei.

Ich seufze. Als ehemaliger Taxifahrer kenne ich beide Seiten und kann mich nun mal gut in Dienstleistende hineinversetzen. In Kneipen traue ich mich zum Beispiel nicht zu bestellen, wenn ich die gestressten Bedienungen sehe. Niemals reklamiere ich das Fehlen der abonnierten Zeitung – schließlich weiß ich aus eigener Erfahrung, wie hart der Austrägerjob ist. Wahrscheinlich würde ich sogar bei meinem eigenen Mörder kooperativ stillhalten, weil ich mir vorstellen könnte, wie unnötig es die Arbeit erschwert, wenn das Opfer so zappelt.

Am schlimmsten ist es beim Friseur. Als ich beim letzten Mal wegen eines Termins anrief, war die Petra, die mir sonst immer die Haare schneidet, in Urlaub. Ich versicherte, das sei überhaupt kein Problem, dann mache das eben eine andere – die sollten nicht glauben, dass ich denke, alle außer der Petra verstünden nichts von ihrem Job. »Schön«, hieß es daraufhin, »dann also die Yvonne.«

»Schön«, eierte auch ich, »dann also die Yvonne.« Ich dachte mir zwar, die Yvonne weiß doch gar nicht, was sie machen soll, ich kann ja nicht sagen, ›wie immer‹, das wird bestimmt scheiße, aber wenn ich sage, ich will das nicht, ich warte lieber oder geh ganz woanders hin, dann erzählen die das vielleicht der Yvonne, und dann ist die Yvonne traurig.

An besagtem Termin begrüßte ich die Yvonne und sagte, ich sei ja sonst immer bei der Petra. Schon im selben Moment hätte ich mich ohrfeigen können. Was sollte sie jetzt denken: Da saß so ein fremder Kunde vor ihr und huldigte als Allererstes der Kollegin, die noch nicht mal da war. Anstatt sie selbst als Fachkraft wahrzunehmen, reagierte er auf Anhieb negativ. Kein offenes »Ah, jetzt also die Yvonne, fein, mal was anderes, da bin ich ja gespannt, wird bestimmt gut, wir zwei schaffen das schon«, nein, stattdessen: »Die Petra ist nicht da.«

Die Petra, immer die Petra, wird sich die Yvonne gedacht haben, er traut mir nichts zu; er denkt, ich kann nichts; er denkt, ich bin nichts wert! Rücksichtslos hatte ich in den tiefsten Wunden ihrer Seele gebohrt. Er hat ja recht, grübelte gewiss die Yvonne, ich bin nichts wert, bin noch nie was wert gewesen. Deswegen hat mich auch vorige Woche der Frank verlassen. Dann hätte sich die Yvonne an die kleine Yvonne erinnert: Sie war sieben Jahre alt und hatte lange blonde Zöpfe. Einmal hatte sie ihrer Mutter ein Bild gemalt – acht Tage dauerte das –, und als sie es ihr stolz und freudestrahlend überreichte, zerknüllte die Mutter das Bild, warf es weg und weinte. Kurz danach ließ die Mutter sich scheiden. Der Vater erhängte sich. Die Yvonne war schuld. Sie ist an allem schuld, sie kann nichts, sie ist hässlich, sie ist zu dick. Die Yvonne kam ins katholische Kinderheim. Die Schwester Immatrikulata sagte, dass sie nichts richtig könne und niemals irgendetwas richtig können werde. Damit müsse sie, die Yvonne, sich nun einmal abfinden. Die Yvonne findet sich innerlich damit ab und schafft es dennoch, eine Ausbildung zur Friseurin abzuschließen. Sogar mit Auszeichnung, doch sie denkt sich: Glück gehabt, unverdientes Glück, denn eigentlich kann ich nichts, eigentlich bin ich nichts, ach, ich wünschte, ich wäre tot.

Höchst professionell ließ sich die Yvonne von alldem natürlich nichts anmerken: Während sie mich auf dem Frisierstuhl nach meinen Wünschen fragte, lächelte sie sogar. Es muss sie eine unglaubliche Überwindung gekostet haben, nachdem ich sie dermaßen verletzt hatte. Auf der anderen Seite hatte sie sich ja an Verletzungen gewöhnt. Sie waren ihr tägliches Brot geworden, dessen Schimmel sie in all seiner süchtigmachenden Widerwärtigkeit vermutlich nicht mehr missen mochte. Ich lobte, plauderte und lobte, wohl ahnend, dass ich meinen Fauxpas nicht rückgängig machen konnte, sondern nur stetig verschlimmerte.

Leer lächelte die Yvonne – sie kannte das schon. In fünf Minuten würde ich endlich aufstehen, zahlen und gehen. Sie würde aufs Klo rennen, sich erbrechen, sich gründlich die Hände waschen und alles einfach so schnell wie möglich wieder vergessen.

Der Schnitt gelang tatsächlich genauso gut wie bei der Petra. Ich überlegte verzweifelt: Wenn ich bei der nächsten Terminabsprache ausdrücklich die Yvonne wünschte, wie um wiedergutzumachen, was ohnehin nicht gutzumachen war, und die Petra bekäme das mit, wäre die Petra traurig. Dabei hatte die Petra mir doch ebenso wenig getan. Sie hatte stets nur ihren Job gemacht, und zwar unbestritten gut. Falls ich wiederum sagte, »die Yvonne oder die Petra«, dann würde die Kollegin, die die Termine abstimmte, entscheiden. Dann sähe mich am Ende die Petra, wie mir die Yvonne die Haare schneidet und müsste denken: Der hat sich die Yvonne ausgesucht. Was habe ich falsch gemacht? Und warum ausgerechnet die Yvonne? Was hat sie, was ich nicht habe? Und umgekehrt sähe die Yvonne, wie ich unter der geschäftig klappernden Schere von der Petra dummdreist in den Spiegel grinse, obwohl mir ihr, der Yvonnes, Ergebnis doch angeblich ach so gut gefallen habe. Nichts als Lüge! Verkündete ich andererseits, es sei mir grundsätzlich egal, wer mir die Haare schneidet, wäre das letztlich ein Affront gegen alle, gegen das gesamte Gewerbe, das ich so offenkundig verachtete. Das spräche sich gewiss herum, und ich könnte mich auch in keinem anderen Laden mehr blicken lassen.

An all das denke ich, da ich neben einem Taxistand in der Reichenberger Straße an meinen inzwischen arschlangen Haaren kaue und die Frau bitte, ob wir nicht wenigstens den letzten Wagen nehmen könnten – der warte noch nicht so lange.

Resigniert gibt sie nach, und wir steigen in das hinterste Taxi in der Reihe ein: Ein kleiner Sieg für mich, ein großer Sieg für die Menschlichkeit.

Glossar

Abschreiber: Nach der → Schicht ausgefüllter Zettel mit sämtlichen Schichtdaten: Anzahl der überfahrenen Tiere, Rotlichtverstöße, gerauchte Zigaretten und Leerkilometer.

Auftragslage: Notorisch schlecht. Hauptursache des → Gejammers.

Bärchenfunk: Zusammenschluss der schlechtestbeleumdeten Funkgesellschaften Ost und West, eine Light-Version des Hitler-Stalin-Pakts. Die Wagen der Teilnehmer ziert der gelbe Umriss eines Schimpansenkopfes (beabsichtigt war wohl ein Bär).

Blitzer: Schlimmster Feind des Taxifahrers neben → Patient, → Mörder und Ordnungsamt. Misst und beweist Rotlicht- und Geschwindigkeitsverstöße. Noch fieser ist das sogenannte → Fernglas.

Bock: »Ich sitze seit fünfzehn Stunden/Jahren auf dem Bock«, sagt der → Kutscher, der die Dauer seiner → Schicht oder Berufstätigkeit umschreibt. Ursprung ist der Kutschbock der Pferdedroschke, schon früher ein beliebter Platz zum Schlafen, Trinken und Meckern.

BO Kraft: Die »Verordnung über den Betrieb von Kraftfahrzeugen im Personenverkehr« reglementiert, reguliert und stranguliert alles rund ums Gewerbe.

Bus: Natürlicher Widersacher des → Taxis. Der Bus ist schwerfällig, immer im Weg und nimmt Unmengen → Fahrgäste weg.

Dachleuchte: Siehe → Fackel, → Hungerleuchte.

Datenfunk: »Mäusekino«. Die digitale Auftragsan-
zeige dient speziell bei flüchtiger Kenntnis der Lan-
dessprache als nützliche Weiterentwicklung des →
Sprechfunks.

Donnerstag: Trügerisch nah am einträglicheren →
Wochenende ist der D. dann doch nur eine all-
wöchentlich wiederkehrende enervierende Durst-
strecke.

Eichamt: Hängt ein Siegel an die → Glocke und verlangt dafür hundert Euro. Eine feine Geschäftsidee,
die leider dem Staat zuerst eingefallen ist.

Einsteiger: → Fahrgast, der an der → Taxihalte zu-
steigt. Ungebräuchlich hingegen ist der Begriff des
Aussteigers.

Fackel: Jargon für → Dachleuchte. Ist das Taxi frei,
leuchtet die F. Hat sie einen Wackelkontakt, fährt
man selbst bei guter → Auftragslage stundenlang
durch die Stadt, ohne einen → Winker abzubekom-
men. Anderntags gibt es trockene Brötchen.

Fahrer: Auch → Taxifahrer, → Kutscher, → Kollege.

Fahrgast: Der → Kunde im Taxigewerbe. Sitzt in Berlin gewöhnlich hinten und redet oft zu viel. Tritt auf
als → Einsteiger, → Winker, → Funkauftrag, → Mörder oder → Patient.

Falschmeldung: Die Geheimwaffe des unehrlichen
Fahrers, der sich mit erfundenen → Standorten →
Funkaufträge erschwindelt, die ihm nicht zustehen.

Farwolf: Eine Art Werwolf auf Rädern. Zwitterwesen
zwischen Tag und Nacht, Mensch und Ungeheuer,
Leben und Tod als Resultat der Verwandlung eines
Menschen in einen → Nachtfahrer.

Fehlfahrt: Der → Fahrgast, der mich bestellt hat, ist

einfach ins nächstbeste freie → Taxi gestiegen. Am
→ Halteplatz stellt man sich wieder hinten an.

Feierabend: Vor allem für den → Nachtfahrer eher ein
Feiermorgen. Einen typischen Taxifeierabend zeigt
der Film »From Dusk Till Dawn« (Rodriguez/Ta-
rantino).

Fernglas: Hundsgemein. Im Gegensatz zum auffälli-
gen → Blitzer ist das hinter Büschen oder Fahrzeu-
gen versteckte Laserfernglas der verbeamteten Stra-
ßenräuber nicht zu sehen.

Fuhre: Grundeinheit: Eine Ladung → Fahrgäste auf
eine einfache Strecke Start-Ziel. Auch → Tour.

Funkauftrag: Ein → Kunde ruft bei der → Funkzentrale an, die den Auftrag an die bei ihr angeschlos-
senen Teilnehmer vermittelt. Das kann dauern.

Funkdisziplin: Erst kauen und runterschlucken, dann
sprechen. Stets in der → Funksprache und unter An-
gabe der → Konzessionsnummer. Die Anrede ist das
»Sie«. Keine → Falschmeldung und keine Beleidigungen.

Funkel, Friedhelm: Bundesligatrainer. War schon mal
→ Fahrgast.

Funkkraftdroschke: Amtsdeutsch für → Taxi.

Funkkurs: Geldabknöpfmaschine für → Fahrer, die
am → Funkverkehr teilnehmen wollen. In einer die
Intelligenz jedes Halbprimaten bis aufs Blut belei-
digenden Prozedur liest der Prüfer Fragen und Antworten (!) vom Blatt ab und verbessert die Recht-
schreibfehler der Kursteilnehmer. Die erhalten dafür
den → Funkschein.

Funkmariechen: → Kollegin, die noch nicht lange im
Gewerbe tätig ist.

Funkordnung: In Wortlaut und archaischer Idee des

Rachegedankens bereits im Alten Testament angelegtes Pamphlet zur Befriedung der Funkteilnehmer. Ein von der → Funkzentrale (Hauptleiden: rechtsohrige Taubheit) allzu oft tendenziös angewandtes Instrument zur Wahrung der → Funkdisziplin.

Funkschein: Ohne darf man nicht funken. Könnte man aber, siehe → Funkkurs. Auf keinen Fall ist der F. zu verwechseln mit dem → P-Schein.

Funksperre: Verstößt ein → Kollege gegen die → Funkordnung (siehe → Falschmeldung, → Funkdisziplin), wird er vorübergehend vom → Funkverkehr ausgeschlossen. Gegen die nachfolgenden Diskussionen nimmt sich frühkindliches Sandkastengekloppe aus wie bilaterale Wirtschaftsverhandlungen.

Funksprache: Aus der → Funkordnung: »Die Funksprache ist Deutsch.« Stimmt nicht.

Funkverkehr: Wenn zwei Funkwellen auf derselben Frequenz schwingen, ziehen sie sich zusammen in den Äther zurück und haben Funkverkehr. Dabei kommt es nicht auf die Wellenlänge an, eine gemeinsame Polarisationsebene ist viel wichtiger.

Funkzentrale: Vermittelt die → Funkaufträge unter Aufbringung größtmöglicher Pampigkeit an die Teilnehmer, die immerhin für diese Dienstleistung bezahlen. Im Gegensatz zum → Datenfunk herrscht beim → Sprechfunk Willkür bei der Auftragsvergabe – lohnende → Touren gehen stets an dieselben Amigos (»ich hab sonst niemanden gehört«).

Gejammer: Was dem Vogel der Gesang, ist dem → Taxifahrer das G. – eine längst unbewusste Grundmelodie. Hauptstrophen sind → Blitzer, → Patienten, → Fahrgäste, → Mörder, → Busse und → Auftragslage.

Gewitter: Codierte Warnung vor Geschwindigkeitskontrollen in Anspielung auf den Blitz des Radars,
siehe → Blitzer.

Glatteis: Theoretisch ist es verboten, über Funk vor
→ Radarfallen zu warnen. So hört man stattdessen
»Auf der Soundsostraße bitte recht freundlich«, »Ge-
witter in der Irgendwoallee« oder eben »Glatteis im
Dingsdaweg in der 30er-Zone!« Führt im → Winter
manchmal zu Missverständnissen und → Unfall.

Glocke: Jargon für die fälschlich oft → Taxameter genannte Tarifanzeige. Etymologische Herkunft un-
gewiss, hat früher wohl alle zehn Kreuzer gebim-
melt.

Halteplatz: Siehe → Taxihalte.

Hungerleuchte: Jargon für → Dachleuchte (siehe auch
→ Fackel). Eine Anspielung auf die gängige → Auftragslage.

Innung: Letzte Berliner Taxifunkgesellschaft, die noch
nicht dem Bärenhunger des → Bärchenfunks zum
Opfer gefallen ist.

Kasse: Bezeichnet sowohl das gebräuchliche schwarze
Kellnerportemonnaie als auch die Höhe der Schicht-
einnahme.

Kollege: Geliebter Feind. Wo man in guten Zeiten
rasch zu Hilfe eilte, wenn diese über Funk erbeten
wurde, bleibt man heute eher weg. Hauptsache, einer
weniger.

Kollegin: Als → Nachtfahrerin selten. Ihren Nerven
sei hiermit ein Denkmal aus goldenen Drahtseilen
errichtet. Die Vorstellung, als K. einen der üblichen
→ Patienten transportieren zu müssen, ist für mich,
weit vor Diskriminierung, Stöckelschuhen und Pro-
blemgeburt, der Hauptgrund, froh zu sein, dass ich

keine Frau bin. Dafür sterbe ich auch gerne ein paar Jahre früher.

Konzessionsnummer: Die Ordnungsnummer, die sich hinten rechts an der Heckscheibe der → Taxe befindet. Im Laufe der Jahre sickert die K. zunehmend in die persönliche Identität des → Fahrers ein. Auf Partys beginnt er, sich statt mit dem Vornamen als 6755 oder 543 vorzustellen. Da die einzigen Partys, zu denen man einen wie ihn noch einlädt, Taxifahrerpartys sind, fällt das kaum weiter auf.

Kunde: Ein alternativer Ausdruck für → Fahrgast. Gilt als ehrlicher, da er das irreführende Wort »Gast« vermeidet.

Kurzstrecke: Eine Eigenheit des Berliner Tarifsystems. Mit einem herangewinkten → Taxi kostet eine Fahrt unter zwei Kilometern pauschal drei Euro fünfzig. Wer Discounttarife im Dienstleistungswesen propagiert, füttert auch Enten mit Salzstangen.

Kutscher: Zumindest in Berlin gebräuchliche Selbstbezeichnung für → Taxifahrer. Siehe auch → Bock, → Funkkraftdroschke.

Laden: »Für welchen Laden arbeitest du denn?«, heißt es unter Kollegen. Kein Gemüseladen ist gemeint, sondern die Taxifirma. Auf dem Schaufenster steht »Taxifahrer gesucht«. Drinnen sitzt der Chef und guckt raus. Alle sind cool.

laden: Das Aufnehmen von → Fahrgästen. Der dem Speditionswesen entlehnte Begriff soll (wie auch → Fuhre) verschleiern, dass man Menschen befördert.

LEA: Schutzheilige der Taxifahrer. Erteilt, verlängert und entzieht → P-Scheine. »Verwaltungsgebühren« genannte Opfergaben sollen die gierige und grausame Göttin gnädig stimmen, unterstützt durch auf der Strecke gebliebene Tieropfer in (ehemaliger) Katzen-, Marder- und Rattengestalt. Nach ihr hat sich übrigens auch das Landeseinwohneramt benannt.

Lederweste: Klassisches Utensil des Funkkraftdjangos. Vorzugsweise ein ranziges Original aus den siebziger Jahren, wo es besser auch geblieben wäre.

Meldung: Wo früher die kleine Schwester »Das sag ich Mama« quietschte, brummt heute der Kollege: »Ich schreib 'ne Meldung an die Zentrale.« Petzen ist beides.

Mörder: Der letzte → Fahrgast der allerletzten → Schicht.

Nachtfahrer: Fährt nur Nachtschichten. Hat entweder keine Familie oder wird bald keine mehr haben. König der Nacht oder Tagedieb, → Farwolf oder Engel der → Patienten, stolzer Uhu oder Unglücksrabe, Individualist oder Versager. Oder von allem ein bisschen?

Ortskundeprüfung: Größtes Hindernis auf dem Weg zum → P-Schein. Hauptinhalt ist die sogenannte → Zielfahrt.

Patient: Ein stark betrunkener → Fahrgast, nicht selten zu Renitenz, Gewalttätigkeit, Übelkeit, Illiquidität oder artverwandten Problemen alkoholinduzierten Ursprungs neigend. Auch »Strammer Max«, »Blauer Engel«, »Liegendtransport« und neuerdings »Problembär« genannt.

Personenbeförderungsschein: Weitaus häufiger zu lesen und zu hören in der Kurzform → P-Schein.

P-Schein: Gängige Abkürzung für → Personenbeförderungsschein. Für Taxifahrer ist diese Erlaubnis zum gewerbsmäßig ausgeübten Personentransport

zwingend vorgeschrieben. Wird auch als »Pest-
schein« oder »Taxischein« bezeichnet.

P-Schein-Verlängerung: Wird am Opferaltar der →
LEA beantragt. Schwierigste Hürde ist der doppelte
AA-Test. Dahinter verbirgt sich die Alkoholismus-
und Augenuntersuchung beim Amtsarzt. Das Mit-
führen genügend kleiner, gebrauchter und nicht
nummerierter Banknoten wirkt manchmal Wunder
(»Lazaruszulage«).

Radarfalle: Meist als → Blitzer oder → Fernglas. Die
hohen Bußgelder bewirken, dass besonders schnelle
→ Nachtfahrer tagsüber als Arzt oder Anwalt arbeiten müssen, um sich den Taxiberuf überhaupt
noch leisten zu können.

Rufsäule: Dient eigentlich der telefonischen Bestellung des am → Halteplatz vorne stehenden → Kollegen. In der Regel rufen jedoch Kinder aus dem be-
nachbarten Hochhaus an, die sich freuen, die →
Fahrer wieder und wieder aus dem Auto krabbeln
zu sehen, nur um an der R. angelangt ein Freizeichen
oder spontan gequiekte Beleidigungen in Empfang
zu nehmen.

Schicht: Eine Arbeitseinheit, stets länger als erlaubt.
Würden sich → Fahrer und → Läden an sämtliche
verkehrs-, steuer- und sonstwierechtlichen Bestim-
mungen halten, gäbe es kein → Taxi mehr. Die Be-
hörden drücken beide Augen zu, damit die Einnah-
mequelle nicht versiegt.

Schnauze voll: Neben Leberzirrhose, Schlaflosigkeit,
Lungenkrebs, Verkehrsunfall, Magengeschwür und
versehentlichem Begrabenwerden aufgrund unter-
bleibender Lebensreflexe ist die S. v. der Hauptgrund für einen vorzeitigen Berufsausstieg.

Silvester: Die → Taxen werden knapp. Leute wollen nach Hause oder woandershin. Endlich einmal wird man so richtig gebraucht, und die → Kasse stimmt dazu. Sofern man sie überlebt, die schönste Nacht des Jahres – sie sollte nie zu Ende gehen.

Sprechfunk: Ein aussterbendes Relikt, das zunehmend durch → Datenfunk ersetzt wird. Keine andere Erinnerung an das Taxifahren gräbt sich derart ein wie das jahrelange Rauschen und Maulen, Knattern und Knarzen, Witzeln und Schimpfen. »Wie verstehen Sie da bloß ein Wort?«, fragen mich oft → Fahrgäste. »Man gewöhnt sich dran«, sage ich dann. Aber mehr als ein Wort verstehe ich selber nicht.

Stadtrundfahrt: Wird ironischerweise gern von → Patienten verwendet, die alkoholbedingt nicht wissen, wo sie sich befinden. »Vorsicht, Freundchen – ick will aba keene Stadtrundfahrt« soll heißen: Er, der → Patient, sei hellwach und passe auf wie ein Schießhund, dass ich, der → Fahrer, nicht statt auf dem kürzesten Wege von A nach B gewaltige Umwege fahre, nur um ihn, den vermeintlich Betrunkenen, auf diese Weise bösartig zu prellen. Sollte ich dies trotz seiner deutlich gelallten Warnung dennoch versuchen, gebe es einen Riesenärger. Den gibt es aufgrund seines eingetrübten Urteilsvermögens allerdings ohnehin.

Standort: Die Position jeder → Funkkraftdroschke in Fahrt oder am → Halteplatz. Entscheidendes Kriterium für die Erteilung von → Funkaufträgen.

Stasi: Wer zu DDR-Zeiten in der »Fahrbereitschaft« der Stasi gearbeitet hatte, kam nach der Wende oft im Taxigewerbe unter. Passt.

Student: Das Taxigewerbe wurde lange Zeit erheblich von Studenten mitgetragen. Die flexible Zeiteinteilung und die Möglichkeit einer schnellen Mark war für deren Erfordernisse ideal. Die Wandlung der schnellen Mark zum langsamen Euro hat die Attraktivität des Taxijobs verringert. Der S. arbeitet nun im Callcenter.

Storchenfahrt: → Tour zur Entbindung. Oft ist der → Fahrer aufgeregter als Vater und Mutter zusammen.

Tagfahrer: Steht den ganzen Tag am → Halteplatz und im Stau. Keiner weiß, wovon er lebt. Aufgrund exzessiven Zeitungs- und Radiokonsums ein wandelndes Nachrichtenmagazin.

Taxameter: Episches Versmaß, in dem der → Taxifahrer Ausreden für Umwege oder Phantasiezuschläge erdichtet.

Taxe: → Taxi.

Taxi: → Taxe. Auto mit elfenbeinfarbener Lackierung.

Taxihalte: Auch → Halteplatz, Taxistand, Taxihalteplatz. Zweites Zuhause des Taxifahrers. Dort zieht sein ganzes Leben langsam an ihm vorüber, unterbrochen nur durch gelegentliche → Einsteiger oder das Klingeln der → Rufsäule.

Taxifahrer: → Fahrer des → Taxis. Ist oft traurig und hat es nicht leicht.

Taxifahrerlatein: Eine taxispezifische Variante des Jäger- bzw. Anglerlateins: Die sagenhafte Tour nach Paris. Das Dreihunderteuro→ trinkgeld. Die Busladung Touristen, für die man beim Türsteher im »Club Michelle« zusammen zweitausend Euro Kopfprämie kassiert hat. Die schöne Bundestagshinterbänklerin, die den Arglosen nachts an der verwaisten → Taxihalte *Kladow/Kirche* vernaschte. Ali Baba und die vierzig Räuber, die man bei deren versuchtem Taxiraub (»Ick hab nur laut ›buh‹ jemacht, da sind die

Helden aber jeflitzt«) in die Flucht schlug. Auch prägende Begegnungen mit Prominenten gehören unbedingt dazu. Rekordstandzeiten an Taxiständen oder Negativumsätze sind dagegen niemals Bestandteil des T.s.

Tour: Siehe → Fuhre.

Trinkgeld: Verschwommene Erinnerung: Der kleine → Taxifahrer ist vier Jahre alt. In der Luft hängt ein Duft von Apfel, Nuss und Mandelkern. Es ist Heiligabend. Durchs Schlüsselloch späht er neugierig ins Weihnachtszimmer. Auf einmal brennt der Baum. Und die Geschenke ebenfalls. Er weint und schreit, ein traumatisches Erlebnis, das ihn noch heute jedes Mal wieder quält, wenn er kein T. erhält.

Unfall: Ein → Taxifahrer ist niemals schuld. Trifft das tatsächlich auch objektiv einmal zu, hat er den U. möglicherweise provoziert, denn jeder fremdverschuldete U. lohnt sich für den → Laden. Es gibt Läden, in denen den → Fahrern dafür Prämien bezahlt werden.

Wannsee: Abgelegener Nobelvorort im Südwesten Berlins. »Aber nicht über Wannsee« gilt als weniger aggressiv als »Ick will keene → Stadtrundfahrt!«

Winker: Der Idealfall. Im Gegensatz zu → Einsteiger und → Funkauftrag muss man auf den W. nicht warten, denn er steht, Geschenk des Himmels, plötzlich am Straßenrand und winkt das freie → Taxi heran. Beim → Fahrer bewirkt der Anblick des W.s die Ausschüttung von Glückshormonen, ähnlich wie beim Pilzesuchen.

Winter: Die Hauptsaison für das Taxigeschäft, quasi das → Wochenende unter den Jahreszeiten. Kälte und Wetter treiben die → Kunden direkt in die Netze der elfenbeinfarbenen Menschenfischkutter.

Wochenende: Hausse für → Nachtfahrer. Angenehm ist die → Schicht von Freitag auf Samstag. »Der Edle geht am Freitag aus«, heißt es nicht umsonst schon bei Konfuzius. Samstagnacht ist hingegen geprägt durch ermüdend weit in den Morgen verschobene Geschäftsspitzen sowie eine Klientel aus → Mördern, → Patienten, Nervensägen und Verrückten. Die fette → Kasse ist ein Pyrrhussieg.

Zielfahrt: Zentraler Bestandteil der → Ortskundeprüfung zur Erlangung des → P-Scheins: Die Prüfer stellen dem Prüfling Fragen zum Beispiel folgenden Inhalts: »Nennen Sie uns den kürzesten Weg vom Holocaust-Mahnmal zum deutsch-französischen Volksfest sowie die Namen sämtlicher Straßen und Plätze auf der Strecke.« Den imaginären → Fahrgast hätte ich ja gern mal kennengelernt.